はじめての
グラフィックレコーディング

考えを図にする、
会議を絵にする。

久保田麻美 著

はじめに

議論を可視化するグラフィックレコーディング

「生産的な会議がしたいのに、議論が宙に浮いてしまう…」

「ダラダラした会議で結局何が決まったのかわからない…」

「良いアイデアを思いついても、うまく人に伝えられない…」

日々の仕事の中で、このようなことに困ったことはありませんか？　このような悩みを乗り越えて、もっと生産的で創造的な仕事をしたいと思っているあなたにおすすめしたいのが、「グラフィックレコーディング」です。

グラフィックレコーディングは、会議などで議論をリアルタイムに可視化する手法のことで、認識の共有や問題の発見など、様々なコミュニケーションを促します。多様なビジネスシーンで役立つコミュニケーション技術として、近年注目を集めています。

私はデザインコンサルティング会社でデザイナーとして働いており、モノや情報と人の関わり方を中心に、未来の製品やサービスのあり方を考えています。多様な業種や職種の方々と一緒に仕事をする中で、私は仕事の様々な場面でアイデアや議論の「可視化」を実践し、その効果を実感しています。

これは私の自己紹介を1枚のグラフィックにまとめたものです。このように、文字、絵、図を組みわせて、伝えたい内容をひと目で伝えることができるのが、グラフィックの力です。

たとえば、思いついたアイデアを人に説明するときに、言葉で説明して伝わらないことも、1枚の絵に可視化することで、瞬時に伝えることができます。行き詰まった会議も、図を描いて整理すると問題が明らかになり、議論が前に進みます。また、専門が異なる様々な参加者が話し合う場でも、絵や図を使って議論を可視化すると、それが共通言語となりコラボレーションを促進できます。

このように、私はあらゆる場面で「可視化」を実践し、仕事に役立ててきました。本書は、そんな私が実践で培ってきたグラフィックレコーディングの技術を、デザインの視点を交えてまとめたものです。**グラフィックレコーディングに必要な知識とテクニックをこの一冊で学べます。**

描いて考える技術を身につけよう

グラフィックレコーディングは、「ビジュアルシンキング」の考え方が土台となっています。ビジュアルシンキングとは、「描いて考える」行為のことで、頭の中の複雑な思考をシンプルな絵にして描き出す思考法です。グラフィックレコーディングを学ぶ上で大切な考え方になるので、本書はビジュアルシンキングの基本から学んでいきます。

このビジュアルシンキングには、大きく3つの効果があります。

●思考力が上がる

複雑な思考や議論を紙の上に描き出すことで、情報を整理し、全体を俯瞰できるようになります。それによって、問題を明らかにしたり、新しいつながりを発見したりと、思考のレベルが上がります。

●コミュニケーションが活性化する

文字や言葉だけでは伝わらないことも、絵や図にすれば、相手はすんなりと理解できます。知識や言語の壁を超えた共通言語になり、コミュニケーションが活性化します。

●創造力が上がる

描くことを通して、楽しくたくさんのアイデアを生み出すことができます。アイデアを形にすれば、手軽に共有できるようになり、関係者を巻き込んで創造的な議論ができるようになります。

本書を通して描いて考える技術を身につければ、**「思考力」「コミュニケーション力」「創造力」**という、仕事をする上で欠かせない3つの能力を伸ばすことができるのです。

未来を描く道具

グラフィックレコーディングは、個人にとってもチームや組織にとっても、これからの時代を切り開く武器になる実用的なスキルです。議論の可視化の可能性を世界に広めたデビッド・シベット氏の著書『ビジュアル・ミーティング』*では、次のように述べられています。

《人と人の関係性を促進し、異なる思考回路をつなげてフル回転させ、予想もつかない創発を生み出す。（ビジュアル・ミーティングは）まさに、私たちの「未来を描く」ための道具だといってもよいでしょう。》

めまぐるしく変化する世界の中で、答えの見えない課題に取り組む思考力や、様々な業種や立場の人々と協力して創造的に問題解決をする能力は今後ますます求められます。本書で身につけたグラフィックレコーディングの技術は、あなた自身の思考を助けるだけでなく、チームの共通言語として、未来のビジョンを描くためには欠かせないものとなるでしょう。

*『ビジュアル・ミーティング 予想外のアイデアと成果を生む「チーム会議」術』（デビッド・シベット、朝日新聞出版）

絵が苦手でも大丈夫

絵に苦手意識がある人も、安心してください。絵心や特別な才能は必要ありません。**グラフィックレコーディングで重要なのは、正確で上手な絵を描くことではなく、伝わる絵を手早く描くことです。**

線の引き方などちょっとしたコツを学ぶだけで、誰でも伝わる絵が描けるようになります。本書を読みながら練習をすれば､絵の描き方、文字の書き方、図の作り方をすぐに身につけることができます。必要なのは、紙とペン、そして描くことを楽しむ気持ちだけです。

本書で身につけたグラフィックレコーディングのテクニックや考え方が、日々の仕事の様々な課題を解決する方法のひとつとして、また未来を切り開く道具として、役に立つことを祈っています。

久保田　麻美

この本をオススメしたい人

本書の概要と使い方

本書は、誰でもすぐに始められるグラフィックレコーディングのワークブックです。グラフィックレコーディングの基礎となるビジュアルシンキングの考え方から、伝わる絵や図の描き方、話の聞き方、さらにiPadの活用法まで、グラフィックレコーディングに必要な知識とスキルを一冊で学べます。

手を動かそう！

本書は、手を動かして絵や図を描くことによって、思考力や表現力を身につけていくことを目的としています。そのために、シンプルなミニワークを多く用意しています。ペンと紙を手元に準備して、ぜひ積極的に取り組んでください。

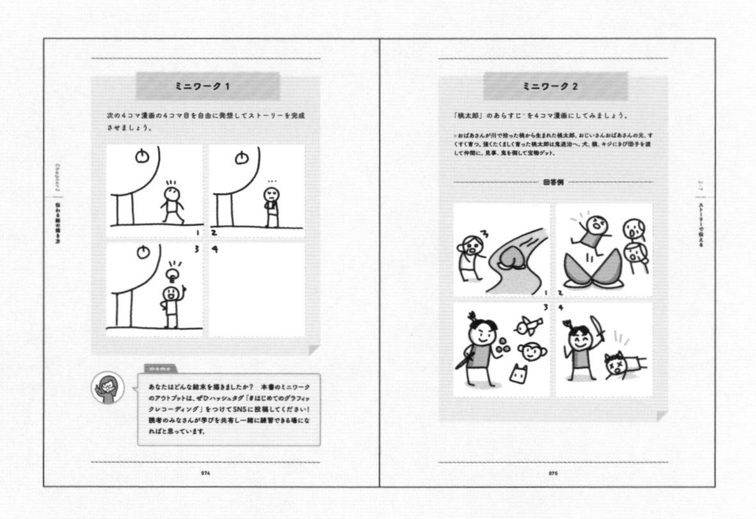
ミニワーク1

次の4コマ漫画の4コマ目を自由に発想してストーリーを完成させましょう。

memo

あなたはどんな結末を描きましたか？　本書のミニワークのアウトプットは、ぜひハッシュタグ「#はじめてのグラフィックレコーディング」をつけてSNSに投稿してください！読者のみなさんが学びを共有し一緒に練習できる場になればと思っています。

074

ミニワーク2

「桃太郎」のあらすじ※を4コマ漫画にしてみましょう。

※おばあさんが川で拾った桃から生まれた桃太郎。おじいさんおばあさんの元、すくすく育つ。強くたくましく育った桃太郎は鬼退治へ。犬、猿、キジにきび団子を渡して仲間に。見事、鬼を倒して宝物ゲット。

回答例

075

ビジュアルライブラリーを活用しよう！

巻末には、絵や図の例を一覧できるビジュアルライブラリーを設けました。「どんな絵を描けば伝わるかわからない…」と悩んだときに、立ち返って活用してください。

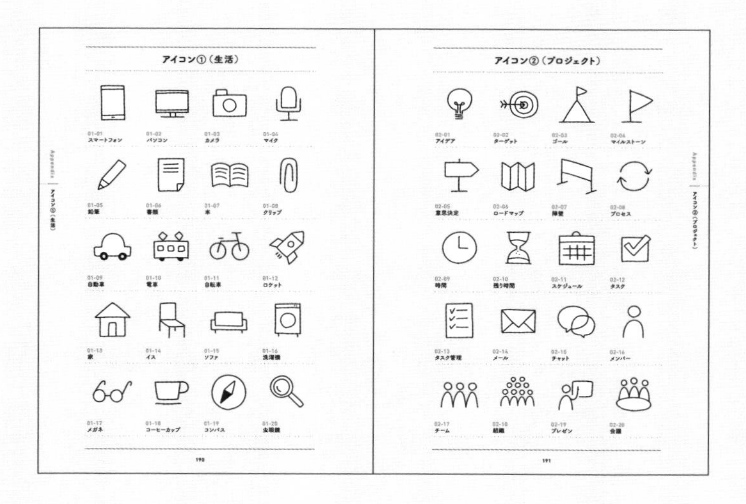

本書の特典として、ビジュアルライブラリーの絵や図は、以下のURLから無料でダウンロードすることができます。印刷して絵を描く練習をしたり、プレゼン資料や企画書に使ったりと、自由に活用してください。

https://www.shoeisha.co.jp/book/present/9784798164885

＊ダウンロードにはSHOEISHA iDへの登録が必要です。

描いたものをシェアしよう！

本書のミニワークで描いたものや練習で描いたものなど、あなたの「学びの過程」を、ぜひ本書のハッシュタグつきでTwitterやInstagram、facebookに投稿してください。読者のみなさんが互いに学び合える場になればと思っています。

noteで最新情報をチェック！

本書は、私が2018年から連載しているnoteの記事をきっかけに生まれました。本書に書ききれなかったノウハウや最新情報も、引き続きnoteで連載しています。ぜひチェックしてみてください。

「くぼみ note」
https://note.com/kuboasa

目次

Chapter 1

ビジュアルシンキングの基本

グラフィックレコーディングを学ぶにあたって、まずはその土台となるビジュアルシンキングについて学びましょう。ビジュアルシンキングにはどのような効果があり、どのような場面で活用できるのでしょうか？　この章では、ビジュアルシンキングの基本を学びます。

1-1 ビジュアルシンキングって何だろう？

ビジュアルシンキングは、頭の中を可視化する行為です。複雑な思考も、シンプルなグラフィックにして描き出すことで整理しやすく、また人に伝えやすくなります。

ビジュアルシンキングは頭の中を可視化するプロセス

企画を練るときなど、頭の中のごちゃごちゃした考えを整理するときに、考えをノートに書き出したりした経験はありませんか？

この「描きながら考える」ことはとても自然な行為で、何気なくやっているという人も多いと思います。**ビジュアルシンキングとは、「考える」「描く」「見る」を行き来して頭の中を可視化する行為で、**

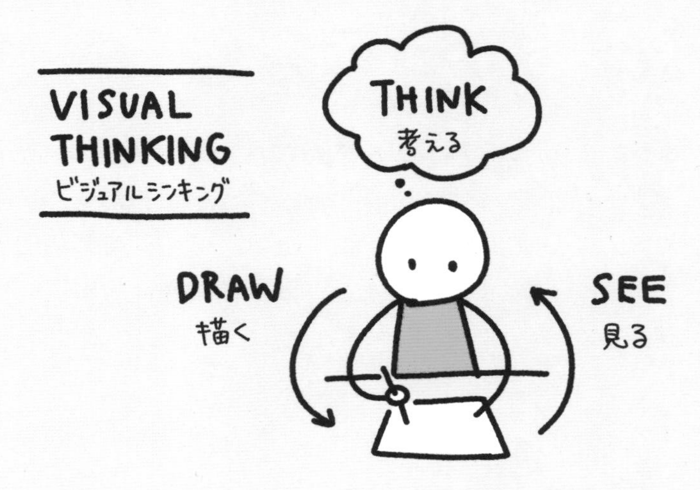

意識的に活用すれば、アイデア発想や議論の整理など、様々なシーンで役立てることができます。

頭の中で考えていることや、話し合いの内容を、文字や絵、図を使って可視化し、紙に描き出します。アイデアの種や、モヤモヤする疑問、ぼんやりした気づきといった、**目に見えないものを見えるようにすることで、考えを整理したり、深めたり、問い直したりしやすくなります。**

脳はイメージで考える

絵文字やスタンプ、図解、イラスト、写真、映像…。私たちは日々膨大な量の情報を、視覚情報として処理しています。人が得る情報のうち、視覚から得る情報は8割にのぼるとも言われています。

また、多くの研究で、視覚は認知や学習と密接なつながりがあることが示されています。**私たちの脳にとって、イメージで考えることは実に自然なことなのです。**

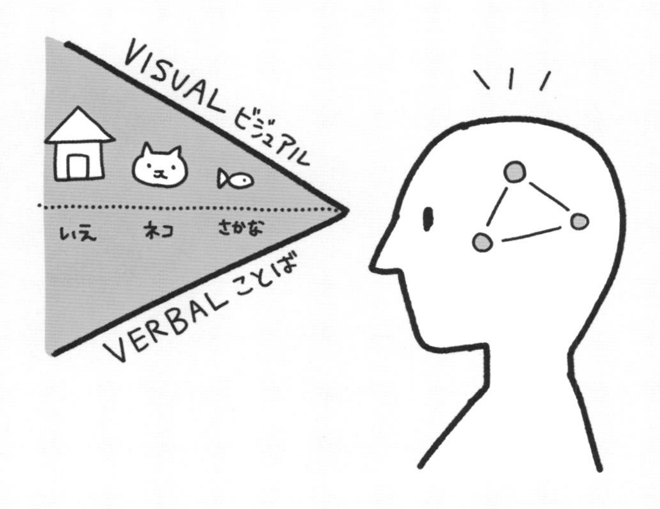

memo

心理学者のアーラン・パイヴィオによる二重符号化仮説（Dual-Coding Theory）によると、人の脳は、言語と視覚の2つのチャネルを使って情報を処理することに特化しており、言語と視覚を関連づけて記憶していると言います。

ビジュアル言語は言葉の壁を超える

多くの人は、考えていることを人に伝えるとき、話し言葉や書き言葉といった「言葉の言語」（verbal language）を使って伝えますが、これはコミュニケーションのひとつの経路でしかありません。「言葉だけではどうも伝わらない」「考えをうまく言葉にできない」そんなときに、**「ビジュアル言語」**（visual language）**なら、頭の中のイメージをダイレクトに伝えられます。**

またビジュアル言語は世界共通語です。言葉では伝わらないことも、絵や図にすれば直感的に理解してもらえます。知識や言語の壁を超えて、あらゆる人と考えを伝え合える共通言語となり、コミュニケーションを促進してくれます。

可視化に使うのは、文字と絵と図

可視化には、文字と絵と図を使います。本書ではこれらを合わせて「グラフィック」と呼びます。

「文字も可視化なの？」と以外に思われるかもしれませんが、文字は物事の意味を正しく伝えるために必要不可欠です。絵はイメージを伝えるために、図は複雑な情報を整理して表すために用います。

本書では、それぞれ章に分けて解説します。2章では絵の描き方、3章では言葉の書き方、4章では図の描き方を学んでいきます。

1-2 ビジュアルシンキングがもたらす3つの効果

ビジュアルシンキングの技術を身につけると、どのような効果が得られるのでしょうか？　具体的に見ていきましょう。

ビジュアルシンキングがもたらす効果

ビジュアルシンキングは、描いた絵以上に、**描くという過程そのものが重要**で、描く人自身、そしてそれを見る相手、さらにはチームや組織に様々な効果をもたらします。「はじめに」でも述べたように、ビジュアルシンキングがもたらす効果は、**「思考力が上がる」「コミュニケーションが活性化する」「創造力が上がる」**の3つに大きく分けられます。

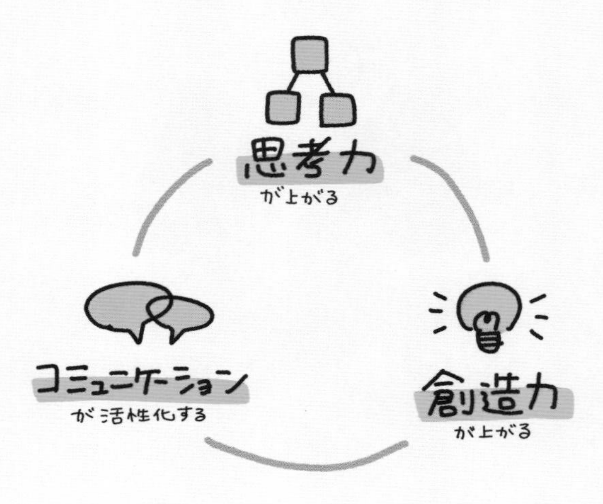

思考力が上がる

●思考を整理できる

様々なレベルの考えやアイデアを、一度紙の上に並べることで、分類したり構造化したりしやすくなります。自分の頭の中の考えや、行き詰まった会議を整理することができます。

●思考を単純化・要約できる

描くという行為は単純そうに見えますが、実は私たちの頭の中では、「何を描いて何を描かないか」という取捨選択が行われます。そのため、描くことを実践するうちに、物事に優先順位をつけ、本当に重要なことだけを選び取る力が身につきます。

●全体を俯瞰できる

思考や議論の流れを紙の上に描き出すことで、思考の「地図」ができます。会議に参加する誰もが全体を一覧でき、より大きな視点で考えられるようになります。

●記憶に残りやすい

私たちの脳は情報をイメージと結びつけて記憶することに長けています。学んだことを図に描いて構造化すると、内容の理解が深まり学習効果が高まります。

コミュニケーションが活性化する

●参加者意識を向上できる

複数人で議論をすると、声の大きい人ばかりが発言し、他の参加者が発言しづらいと感じてしまうことが度々あります。参加者は、自分の発言が目の前で記録されると、「聴いてもらえた」「存在を認めてもらえた」と感じ、主体的に話し合いに加わるようになります。発言の敷居を下げ、参加者意識の向上を促すことができるのです。

●チームの共通言語になる

異なる職種や立場の人同士が話をすると、専門分野や背景知識による言葉のズレから話が噛み合わないことがあります。グラフィックは、知識や言葉の壁を超えてチームや組織の相互理解を助ける共通言語になります。

●議論を刺激し加速できる

参加者の発言を素早く紙の上に描き出すことで、全員で共有して、考えを深めたり、問い直したりする議論のプロセスが刺激・加速されます。

●チームの合意形成が促される

会議で参加者の意見が対立しても、描かれたものが媒体として存在すると、中立的な情報として取り扱えるようになります。対立構造から脱するきっかけとなり、チームや組織の全員で同じ方向を向くことができるようになります。

●記憶が共有化される

長時間の会議もグラフィックで残せば、ひと目で内容を思い出すことができます。「いい話してた気がするけどなんだったっけ…」ということがなくなります。またその場にいなかった第三者にも、会議の概要と空気感を伝えることができます。

創造力が上がる

●頭の中のアイデアを形にできる

どんなにいいアイデアを持っていても、それを人に伝えたり形にすることができなければ、ただの空想にとどまってしまいます。簡単な図形や記号を組み合わせて、頭に浮かんだアイデアをスピーディーに可視化することで、アイデアを深めたり広げたり共有したりしやすくなります。

●新しいつながりを発見できる

アイデアを紙の上に描き出すことで、これまで出会わなかったアイデアのつながりを発見しやすくなり、新たな視点でアイデアを創出することができます。

●アイデアをストーリーで伝えられる

ビジュアルシンキングでは、たくさんの感情表現やメタファー表現（他のものにたとえる表現）を使います。これらの表現を組み合わせると、伝えたい思いやコンセプトを物語の形で表すことができ、人々に強く印象づけられます。

●自己表現の道具になる

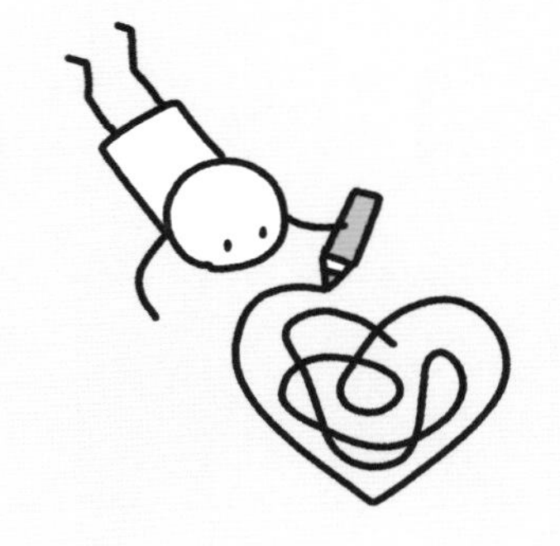

ビジュアルシンキングは自己表現にぴったりの道具です。自分の考えを表現することが好きな人にとっても、苦手な人にとっても、自己表現の敷居を下げて創造的な活動を後押ししてくれるはずです。

●チームの創造性が高まる

チームや組織全体でビジュアルシンキングを取り入れれば、職種に関わらず、誰もがフラットにアイデアを交換できる創造的な風土が生まれます。

本書を通して「描いて考える」ビジュアルシンキングの技術を身につければ、思考力、コミュニケーション力、創造力を伸ばすことができ、会議に限らず日々の仕事の様々な場面で役立ちます。

1-3 ビジュアルシンキングの使い方

ビジュアルシンキングにはどのような使い方があるのでしょうか？本書で身につけたスキルを活かせる4つの使い方を紹介します。

スケッチノート

文字や絵、図を組み合わせてノートを取ることを、スケッチノート、あるいはビジュアル・ノートテイキングと呼びます。講演で聞いた内容や本で学んだことを、絵や図を活用して整理することで、深い理解と記憶の定着が促されます。

こんなシーンで使える … 勉強、読書、講演、情報発信
この章を押さえよう …… 2章～5章

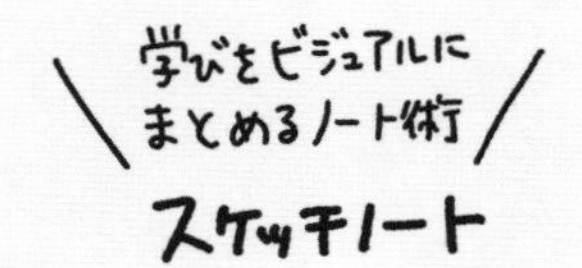

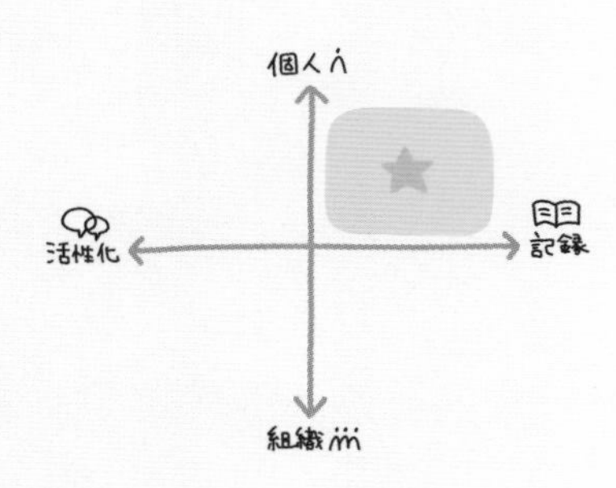

アイデアスケッチ

アイデアスケッチとは、思いついたアイデアを簡単な絵にすることで、手早くアイデアを試す方法です。自分のアイデアを人に伝えやすくなり、またチームで互いのアイデアを共有しやすくもなります。

こんなシーンで使える … 企画、アイデア発想、ブレインストーミング、プレゼン資料作り

この章を押さえよう …… 2章

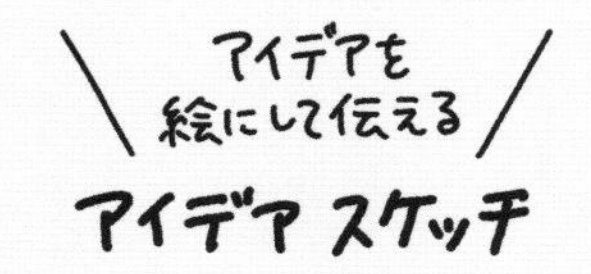

グラフィックレコーディング

グラフィックレコーディングは、会議や講演の間、対話の内容を文字や絵、図を使ってリアルタイムで記録する手法です。省略して「グラレコ」とも呼ばれます。これを行う人は「グラフィックレコーダー」と呼ばれます。議論の全体像をわかりやすくまとめることで、対話を活性化し、相互理解と合意形成を促します。

こんなシーンで使える …　会議、ワークショップ、講演会、インタビュー

この章を押さえよう ……　2章〜6章

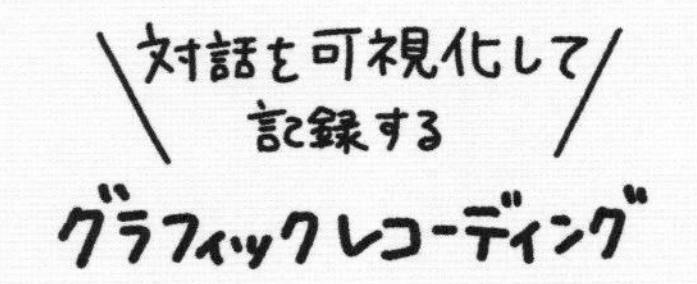

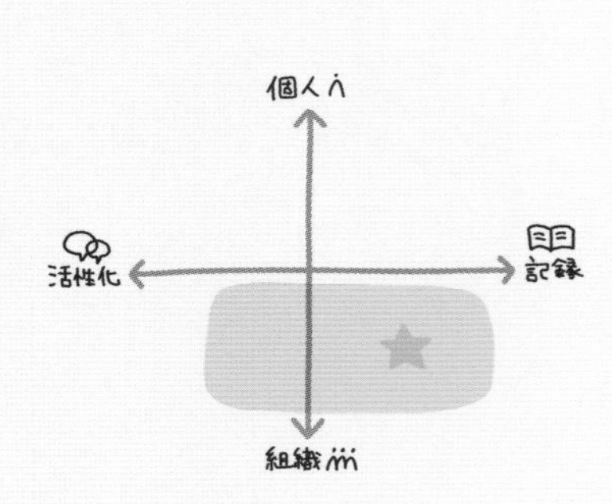

グラフィックファシリテーション

グラフィックファシリテーション＊は、対話に参加しながら、グラフィックを活用して参加者の発言と対話を促す手法です。省略して「グラファシ」とも呼ばれます。全体を網羅して記録することよりも、促進剤としてその場の対話を活性化することに重きが置かれます。ファシリテーターとグラフィックレコーダーをシームレスに行き来する立ち回りだと言えます。

＊**ファシリテーション**：会議やミーティングが生産的かつ効果的に進むように発言を促進し、話の流れを整理し、また合意形成をサポートする行為。

こんなシーンで使える … 会議、ワークショップ、講義

この章を押さえよう …… 2章〜6章

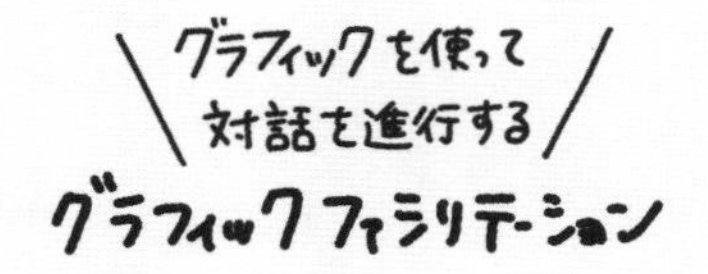

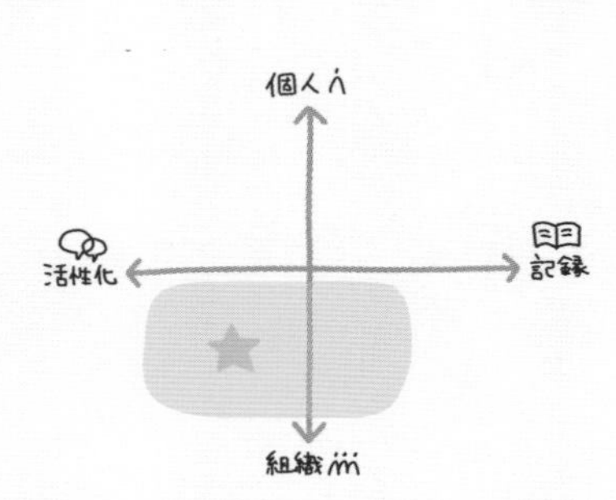

1-4 ビジュアルシンキングの活用事例集

ビジュアルシンキングはどのような場面で活用できるのでしょうか？　実際の活用事例を集めました。前半は私の事例、後半は様々な場面で活躍される実践者の方々の事例です。

スケッチノートで学びを深める

スケッチノートは自分の学びを深めるためのノート作りです。私は普段、講演で聞いたことや本で読んだことを、スケッチノートにして残すようにしています。絵や図を使って自分なりにまとめる過程で理解がぐんと深まり、記憶に残りやすくなります。

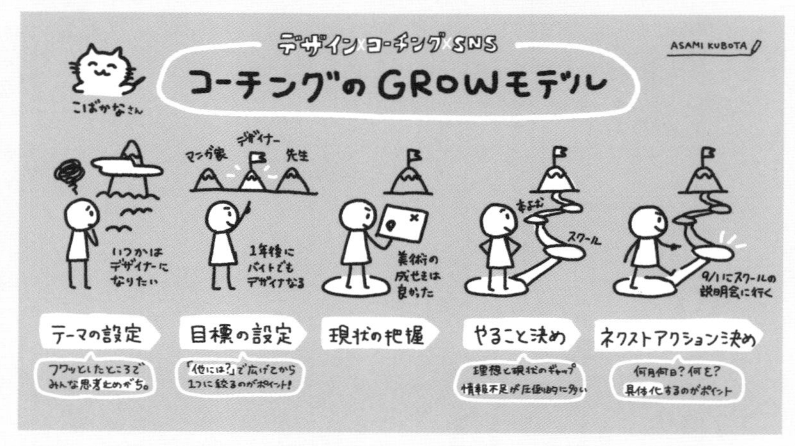

・講演のあと、内容を思い出しながら自宅で描いたスケッチノート。
・ポイントはたとえの使い方。「目標達成は山登りのようだ」と思い、目標を「山」、目標達成までのステップを「道」として表現しています。
「デザイン×コーチング×SNS」（2019）講師：こばかな　主催：デジタルハリウッド大阪校
Procreate（iPad）

・講義中に黒のペンで要点を描き、家に帰ってから色づけや仕上げをしました。
・縦長レイアウトは、話の流れを時系列に描き進めるのに向いています。
・聞いたことだけでなく、自分の感想や気づきを描きこむと、さらに学びが深まります。
「インフォグラフィックス・ワークショップ」(2019)
講師：木村博之　主催：特定非営利活動法人　人間中心設計推進機構
Procreate (iPad)

memo

私は職業柄デジタルツールが手になじむので、ほとんどの事例をiPadとApple Pencilで描いていますが、ホワイトボードや模造紙など、ビジュアルシンキングに使える道具には色々あります。詳しくは、6-3を参照してください。

頭の中のアイデアを発散する

ひとりでアイデアを考えるとき、私は頭に浮かんだイメージをすぐに絵や言葉にしてノートに描き出して、アイデアを発散させています。

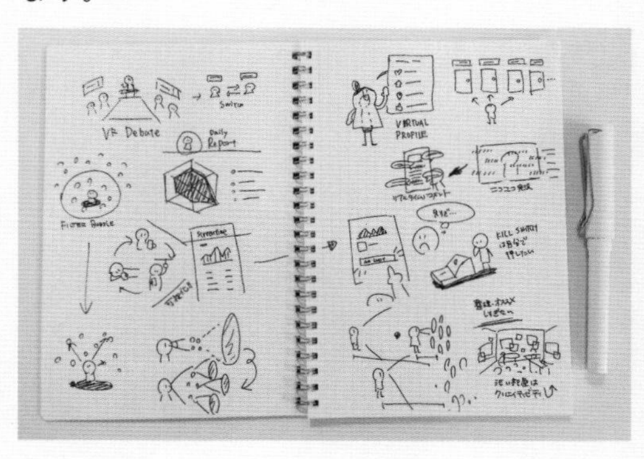

・情報サービスについてのアイデアを考えるときに、ノートに描いたスケッチ。
・個人的には、素早くたくさんのアイデアを出す際は、iPadよりも紙とペンが使いやすいです。
ノート、ボールペン

伝わるプレゼン資料を作る

私はプレゼン資料を作るときに、自分で描いた絵や図を積極的に使います。伝えたいコンセプトやアイデアが相手に伝わりやすくなります。

・よく使うパーツは、使い回せるようにストックしておくと便利です（2枚目）。
・今では会社の同僚も資料作りに活用してくれていて、チームの共通言語となりつつあります。
Procreate（iPad）、Keynote（Mac）

組織のアイデア創発を促す

私が勤める会社では、企業向けにアイデア創発ワークショップを数多く手掛けています。参加者が部署や役職を超えてフラットにアイデアを交換し議論できる場を提供し、組織の創造的な土壌づくりに貢献しています。

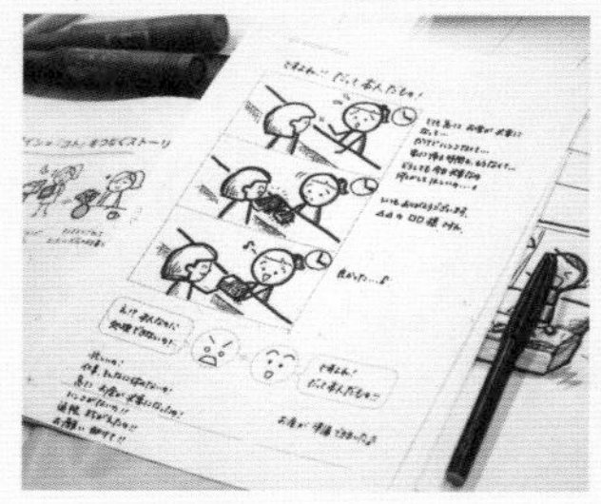

・メーカー企業で行われたビジュアルシンキングワークショップ。部署と役職を横断した様々な参加者が集まりました（1枚目）。
・2章でも紹介する「伝わる絵の描き方」を練習後、新たな顧客体験のアイデアを3コマ漫画で表現してもらいました（2枚目）。
・最後は壁にアイデアを貼って全員で共有しました。参加者全員がフラットにアイデアを共有し議論できる場を生み出しました（3枚目）。

「ビジュアルシンキングワークショップ」（2019）主催：グローリー株式会社、softdevice inc.
A4用紙、プロッキー、サインペン

グラフィックレコーディングで講演の内容を可視化する

私の専門領域であるデザイン関連のイベントを中心に、様々な講演やイベントでiPadを使ったデジタル・グラフィックレコーディングを実践しています。参加者の理解を深めるとともに、気づきや対話を促します。

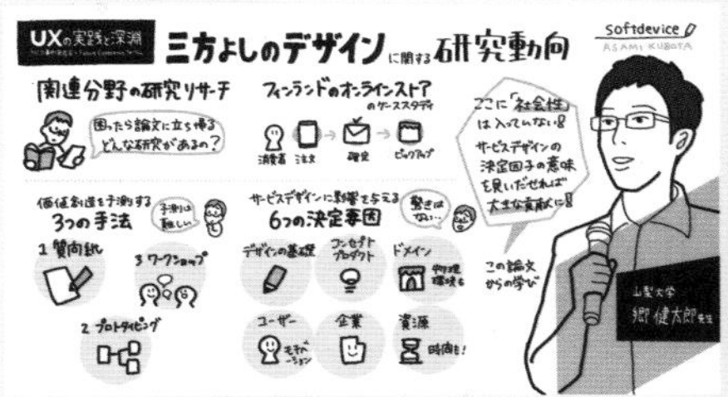

- iPadで描いたものをプロジェクターから登壇者スライドの隣に投影。投影する場所は、参加者だけでなく、登壇者も見える場所がベストです。
- このときのグラフィックレコーダーは2人。発表者ごとに交互に交代して担当。2人の描き方の個性は活かしつつ、共通部分（タイトルやレイアウト）や使う色は統一します。
- 発表後は懇親会でグラフィックレコーディングのタイムラプス映像を上映し、参加者と登壇者の対話を促します。

「UXの実践と深淵～HCD事例発表会 ＋ Future Experience（FX）フォーラム～」（2020）主催：特定非営利活動法人 人間中心設計推進機構（HCD-Net）共催：日本人間工学会アーゴデザイン部会
グラフィックレコーディング：softdevice inc. グラレコ部
Procreate（iPad）、プロジェクター

グラフィックレコーディングで言語の壁を超える

多国籍の参加者が集まるイベントや海外スピーカーによる英語の講演など、言語の壁を超えて人々をつなげる場で、英語のグラフィックレコーディングを積極的に実践しています。

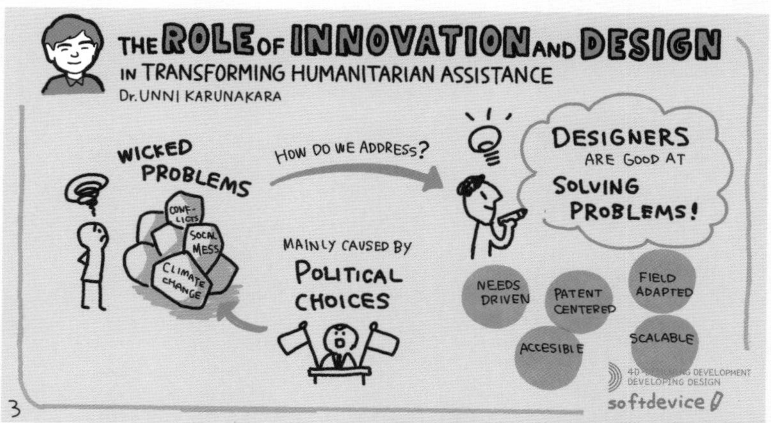

・海外ゲストスピーカーの英語の講演を、絵や図、簡単な英語のキーワードを使ってグラフィックレコーディングをした事例。英語が苦手な日本人参加者の理解をサポートしました。
・後日、日本語の文章と合わせて、イベントレポート資料に掲載されました。
「4D Conference Osaka 019- Meanings of Design in the Next Era」(2019)
主催：4D Conference、立命館大学デザイン科学研究センターDML (Design Management Lab)
グラフィックレコーディング：softdevice inc.グラレコ部
Procreate (iPad)、プロジェクター

オンラインの議論を可視化する

対面に比べて、話が宙に浮いてしまうことの多いオンラインの話し合いでは、議論の可視化がより一層重要になってきます。オンラインホワイトボードを使うと、参加者がリアルタイムに共同で描き込むことができます。

・オンラインで対談をしながら、その内容を２人共同でグラフィックレコーディングする様子を配信した事例。
・ビデオ会議システムで音声のやりとりをしながら、Google Jamboardというオンラインホワイトボードを使って、ひとつのボードにリアルタイムで共同で描き込みました。

「Drawn Conversations - Asami Kubota - Tips and Tricks for Online Workshops」(2020) 主催：Yuri Malishenko　イラスト：Yuri Malishenko、久保田麻美
https://youtu.be/KhpSCYaoc-E
Google Jamboard

教育×ビジュアルシンキングで主体的で対話的な学びを促す

教育現場でビジュアルシンキングを活用する事例も増えおり、主体的で対話的な学びに貢献しています。

- 京都の高校で行われた特別授業で、学生とゲストスピーカーのディスカッションにグラフィックレコーディングを導入した事例（1枚目）。
- 巨大スクリーンと業務用プロジェクターを使って投影。200名以上の会場でもよく見えます（2枚目）。
- 授業参加前後の考えの変化を、表情の絵とセリフで表してもらう振り返りシートを作りました。感想文だけでは表しにくい気持ちのニュアンスを引き出すことができました（3枚目）。

「京都府立東稜高等学校　人権学習」（2019）主催：京都映画センター
Procreate（iPad）、プロジェクター

ビジョンやコンセプトを可視化する

企業のビジョンやサービスのコンセプトといった、目に見えない抽象的なことがらを多くの人々に伝えたいときこそ、可視化が重要です。一枚のグラフィックで説明できるようにすることで、人々を動かす「地図」となります。

- 100年続く京都の漆（うるし）屋が取り組む、漆の魅力を世界に伝えるプロジェクトのビジョンとコンセプトを伝えるコンセプトムービー。
- 何度もヒアリングを重ね、伝えたい想いを整理していきました。漆を知らない海外の人にも理解しやすいように、絵とアニメーションを使っています。
- 海外に向けて英語で制作。プロジェクトの特設Webサイトに掲載されています。

「Beyond Traditionコンセプトムービー」堤淺吉漆店
アニメーション：久保田麻美　英語監修：Michael Howard Maesaka
https://www.rethink-urushi.com/
Procreate（iPad）、After Effects（動画編集）

・「友達の部屋」をコンセプトとした京都のホステルの、コミュニティづくりの活動を説明するコンセプトムービー。
・地域や人をゆるやかに巻き込むプロセスを、ピクニックで友達の輪が広がる様子にたとえて手描きアニメーションで表現しています。新しい概念を人に伝えるとき、たとえを使ってストーリーを作ると印象に残りやすくなります。
・ビジネスコンテストでのプレゼン発表のために制作したもので、プレゼン発表では、映像に合わせて発表者が口頭で説明しました。

「NINIROOMの共創型コミュニティづくり」(2019) HOSTEL NINIROOM
https://kubomi.myportfolio.com/niniroom
Procreate (iPad)、After Effects (動画編集)

講義の内容を描いて伝える

講義やセミナーで人に何かを教えるとき、リアルタイムに絵や図を描きながら説明することで、参加者の反応や理解度に合わせて臨機応変に伝えたいことを伝えることができます。

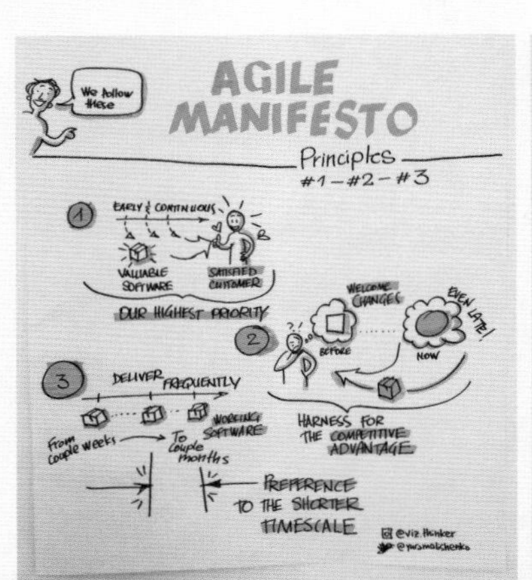

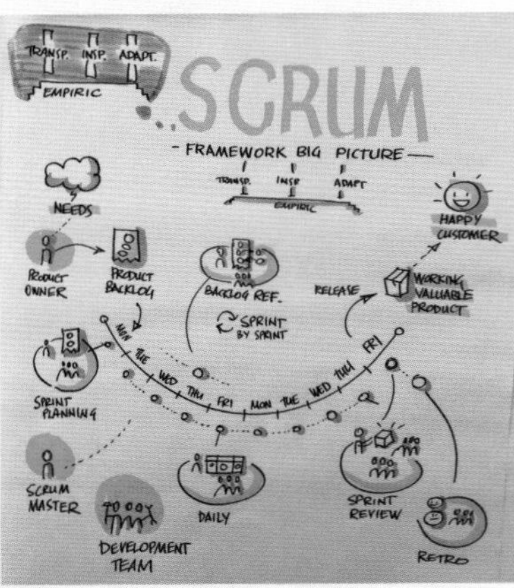

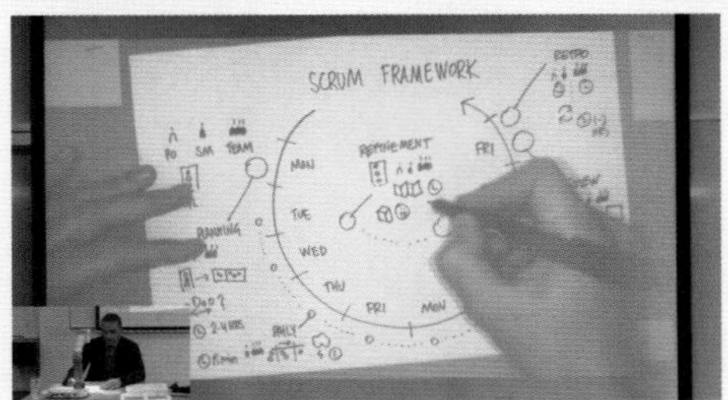

・デンマークの企業でアジャイルコーチとして働くYuriさんの活用事例です。
・彼は社内研修で講義をする際に、スライドは一切使わず、話す内容をその場で絵に描きながら説明すると言います。模造紙やホワイトボードを使うほか（1枚目、2枚目）、A4用紙に手描きする様子を、ドキュメントカメラを通してスクリーンに映し出して会場と共有することもあるそうです（3枚目）。

「Introduction to Visual Thinking」（2019）
https://youtu.be/lJiOQ6e384g
「How visual thinking can make you a better agile coach」
https://medium.com/graphicfacilitation/how-visual-thinking-can-make-you-a-better-agile-coach-baae57d9de6b
Yuri Malishenko

プロジェクトのプロセスをイラストで伝える

プロジェクトの成果を発表するときに、結果だけではなく、プロセスを共有することも重要です。プロセスを、柔軟性を持ってラフなまま伝えたいときにぴったりの表現が、手描きのスケッチやイラストです。

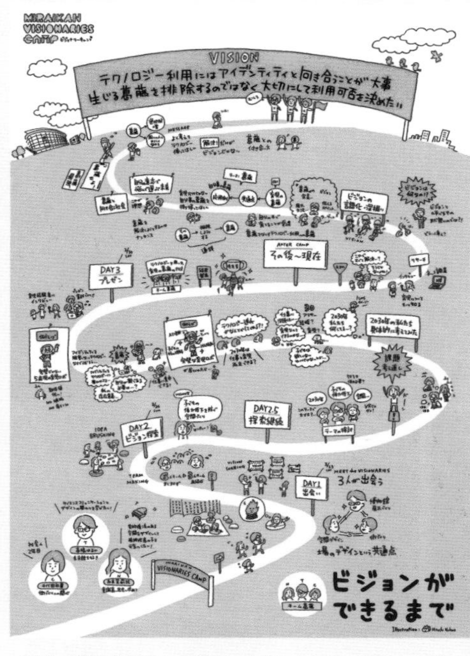

・イラスト可視化士の中尾仁士さんによるプロジェクトのプロセス可視化の事例です。
・「未来館ビジョナリーキャンプ」というプロジェクトで、チームが最終的なビジョンにたどり着くまでのプロセスが一枚のイラストに可視化され、チームの作品とともに展示されました。
・ビジョンが形成されるまでが「道のり」にたとえられ、過程で生まれたアイデアや考えが魅力的なイラストとしてちりばめられています。手描きのやわらかい表現により、臨場感と温度感が伝わってきます。

「未来館ビジョナリーキャンプ」（2019）主催：日本科学未来館　イラスト：中尾仁士
https://note.com/hit/n/n76c3b04367dd

対話をはぐくむ場を作る

大規模なイベントやフォーラムも、対話を可視化することで、来場者との双方向的な対話をはぐくむ場にすることができます。

・グラフィックカタリスト・ビオトープさんによる「富士通フォーラム2019」でのグラフィックを使った場づくりの事例。

・来場者と説明員の対話から出てきたキーワードをその場で描き加えて制作したというグラフィックボード。一方的な情報伝達でなく、来場者と双方向的な対話が生まれました（1枚目）。

・トークセッションでは、iPadを使ったデジタル・グラフィックレコーディングを大会場のスクリーンに投影。セッション後のラップアップを担当するなど、描いて記録する以上の、対話を生む工夫を積極的に取り入れているそうです（2枚目、3枚目）。

「富士通フォーラム2019」（2019年）グラフィックカタリスト・ビオトープ
https://www.graphiccatalyst.com/posts/6254473

Chapter 2

伝わる
絵の描き方

絵が苦手な人でもすぐにできる、伝わる絵の描き方を紹介します。ペンと紙を用意して、手を動かしながら学んでいきましょう。

2-1 頭の中のイメージを伝える絵

考えを手早く絵にできると、頭の中のイメージを相手に即座に伝えることができます。

言葉だけではイメージがズレやすい

私たちは普段、言葉を使って話をします。このとき、**話す人は頭の中のイメージを言葉に「翻訳」して話し、聞く人はその言葉を「解釈」してイメージを再構成します。**ところが、思ったこと全てを言葉にすることは難しく、また言葉に翻訳できたとしても、聞く人が話した人の意図通りに解釈するとは限りません。そこに、互いのイメージのズレが生じます。これが「伝えたつもりが伝わっていない」

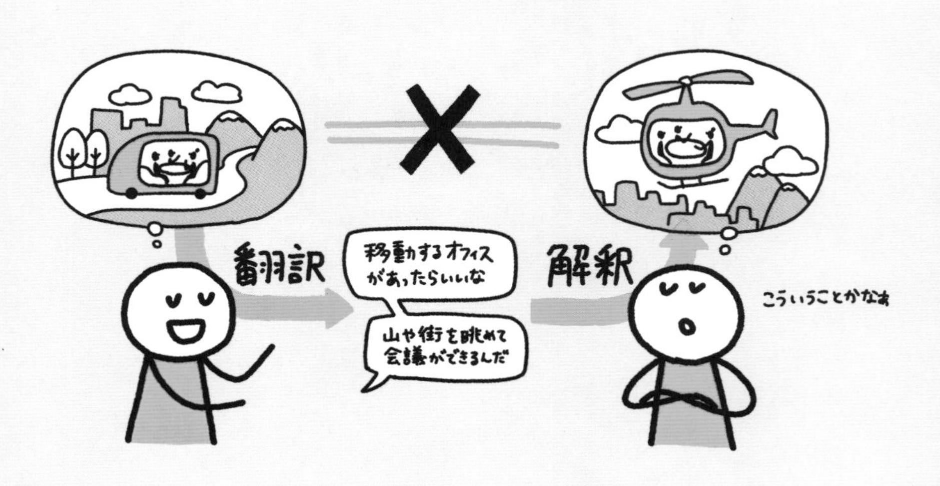

「わかったつもりがわかってない」の原因となるのです。

私も仕事の中で、会議ではクライアントと同じアイデアに合意したつもりが、後日そのアイデアを元にして作った提案書を見せると「思ってたのと違う」と言われてがっかりしたことが何度もありました。

絵で頭の中のイメージを伝える

そんな悔しい経験から、私は会議の中で出たアイデアを、その場ですぐに絵に描いて見せることを始めました。「それってつまりこういうことですか？」と描いた絵を見せると、「まさにそういうこと！」「いや、私が思っていたのはこうですね」といったフィードバックがもらえるので、イメージをより正確にすり合わせられるようになりました。このように、**考えを絵に翻訳することで、頭の中のイメージを簡単かつ即座に伝えることができます。**

伝わる絵を手早く描くこと

本書で目指すのは、時間を掛けて正確な絵や美しい絵を描くことではありません。あくまで、絵にすることで相手に考えを伝えることです。つまり、コミュニケーションのための絵です。そのためには、「人に伝わる絵を手早く描くこと」が大切になります。ここからは、誰でも今日から使える、絵の描き方を解説していきます。ぜひ実際に手を動かして、絵を描くことを楽しんでいきましょう！

2-2 準備するもの

絵を描く練習を始めるにあたって準備していただきたいペンの種類と、それらの基本的な使い方を説明します。

ペンと紙を準備しよう

ペンは1本さえあれば始められますが、本書では4本のペンで始めることを推奨します。**黒のサインペン1本と、マーカー3本**です。マーカーの色は、基本色となる黒、補助色となる薄いグレー、強調色となる明るい色（黄色やオレンジ、水色など）を選びましょう。「たったこれだけ？」と思われるかもしれませんが、闇雲に色数を増やすと、色選びに迷ってしまったり、色が増えすぎて煩雑な絵になってしまったりします。まずはシンプルに始めましょう（色の詳細については、5-2を参照してください）。

iPadなどのデジタルツールを使いたい方は、2種類の太さのブラシと、3色のカラーパレットを準備しましょう。

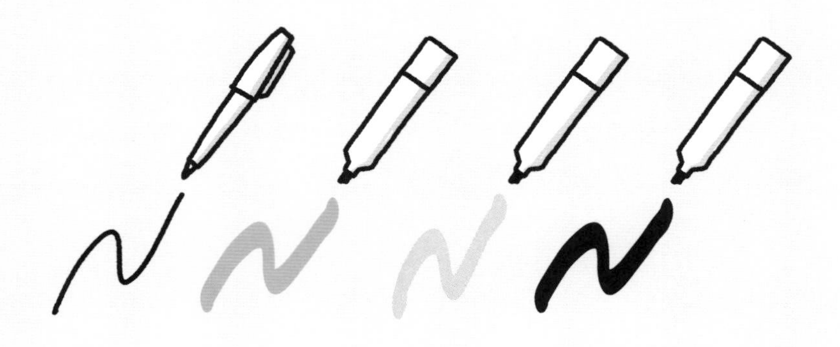

memo

おすすめのサインペンはぺんてるの「サインペン」、マーカーは三菱鉛筆の「プロッキー」です。裏写りしにくく安価で手に入ります。他にも、実際のグラフィックレコーディングで使う道具について6-3で詳しく紹介しています。

練習に使う紙として、A4コピー用紙をたくさん用意しましょう。無地や方眼紙のノートでも良いです。高級なノートはおすすめしません。ケチケチせずにたくさん使える紙が良いでしょう。

ペンの使い方と役割

4本のペンの使い方とその役割を知るために、早速、次の図の手順で、手元の紙に四角い箱を描いてみましょう。

まずは基本となる黒のサインペンで、描きたいものの形を描きます。次に、強調色のマーカーで重要なところに色をつけます。すると、この絵の中でどこが伝えたいポイントなのかが明らかになります。そして、薄いグレーのマーカーで、ものの影を描きます。これにより、平面的だった絵に、立体感が生まれます。最後に黒のマーカーで全体の輪郭をなぞりましょう。輪郭が太くなり、遠くからでも、ひと目ではっきりと見やすくなります。

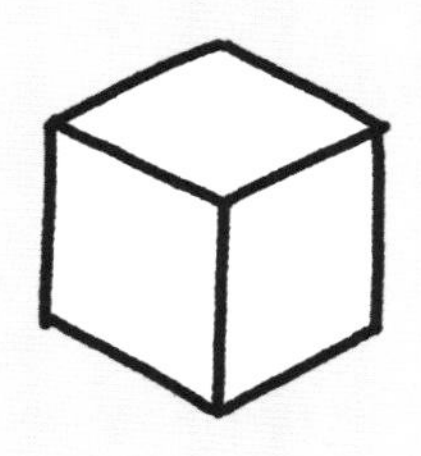

1 黒のサインペンで物の形を描く

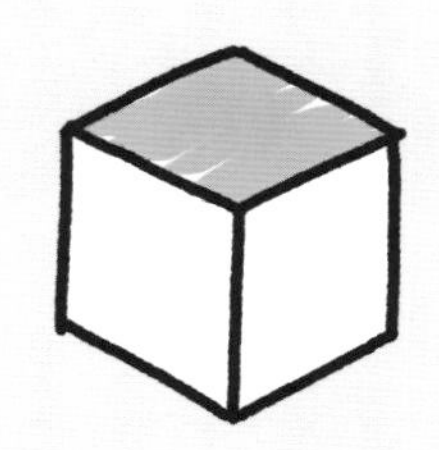

2 強調色マーカーで重要なところに色をつける

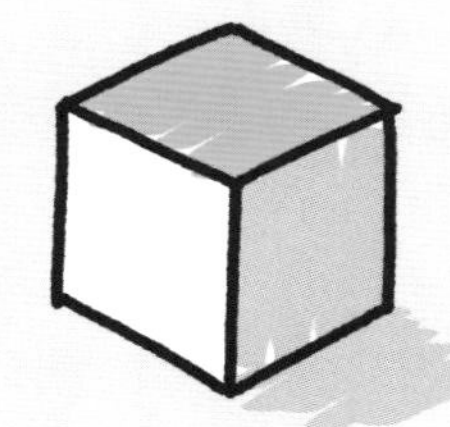

3 薄いグレーのマーカーで立体感を加える

4 黒のマーカーで全体の輪郭をなぞる

4種類のペンの使い方とその役割を体感できたと思います。このように**描き方を統一することで、絵が苦手だと思う人も、絵が得意な人も、手早く伝わる絵を描くことができます。**このあと、線の引き方や、物や人の描き方など、具体的な描き方のコツを、順を追って説明します。

参考『アイデアスケッチ　アイデアを〈醸成〉するためのワークショップ実践ガイド』
（James Gibson／小林 茂／ 鈴木 宣也／赤羽 亨、ビー・エヌ・エヌ新社）

2-3 もったいない線の引き方

線の引き方を少し意識するだけで、絵や図がぐっと伝わりやすくなります。

きれいに描けない原因は、線の引き方にあるかも？

次のような相談を受けることがあります。

「自分ではきれいに描いたつもりでも、
雑な絵に見えてしまうんです」

「読みやすい字が描けなくて、
自分でもあとから読めないときがあります」

このような相談を何度か受ける中で、これらの悩み全てに共通する根底の課題があるのではないかと考えるようになりました。そしてたどり着いたのが、線の引き方です。**きれいに描いたつもりが、なぜか雑に見えてしまうという方は、「もったいない線の引き方」をしてしまっているのかもしれません。**

全ては1本の線から始まります。文字や絵、図を描くとき、私たちは線を組み合わせて描いています。雑に見えてしまう要因は、そもそもの線の引き方にあるかもしれません。ここでは、ついついやってしまう「もったいない線の引き方」を3つ取り上げます。伝わる線の描き方に変えるための、すぐに改善できるちょっとしたコツも併せて紹介します。

もったいない線の引き方① 何度もなぞる

ひとつ目のポイントは、線の数です。 絵を描くときに、何本も線を引いてアタリをつけたり、短い線を継ぎ足して描くという描き方があります。このような線の描き方は、時間をかけて正確な絵や緻密な絵を描くには有効です。しかし、短時間でわかりやすい絵を描くには適していません。

勇気を持って、1本の線で描いてみてください。 多少ゆがんでも気にせず、堂々とのびのびと線を引いてみましょう。不安な人は、自分の描きたい線をなぞるイメージで2、3回空中でシミュレーションしてみると描きやすいです。情報量が必要最低限になり、見やすく伝わりやすい絵になります。さらに、線に迷いがないので、自信のある絵に見え、伝えたいメッセージが伝わりやすくなります。

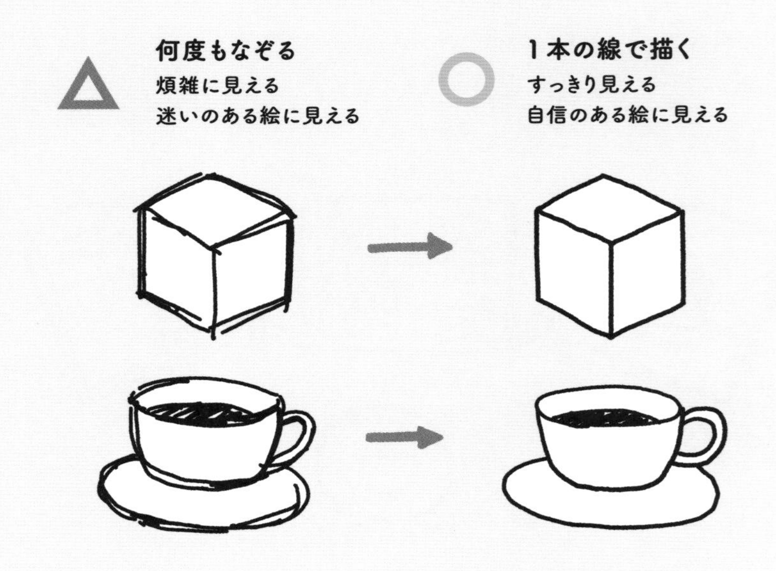

もったいない線の引き方② 細い線で描く

2つ目のポイントは、線の太さです。絵の内容や描き方を意識することはあっても、使うペンの太さを意識することはあまりないかもしれません。しかし、線の太さは、絵の印象や見やすさを左右する大きな要因だと、私は考えています。

私はいつも、できるかぎり太い線を使って絵を描きます。太い線を使うメリットには、単に見やすくなるということ以外にも、線のブレやズレが目立たなくなり、また細部を省略してシンプルに描けるということがあります。細い線を使うと、ついつい細部まで描き込んでしまうものです。太い線は、線自体にボリュームがあるので、自然と詳細な描き込みを妥協することになります。結果、標識やサインのようなシンプルな表現に近づけることができます。

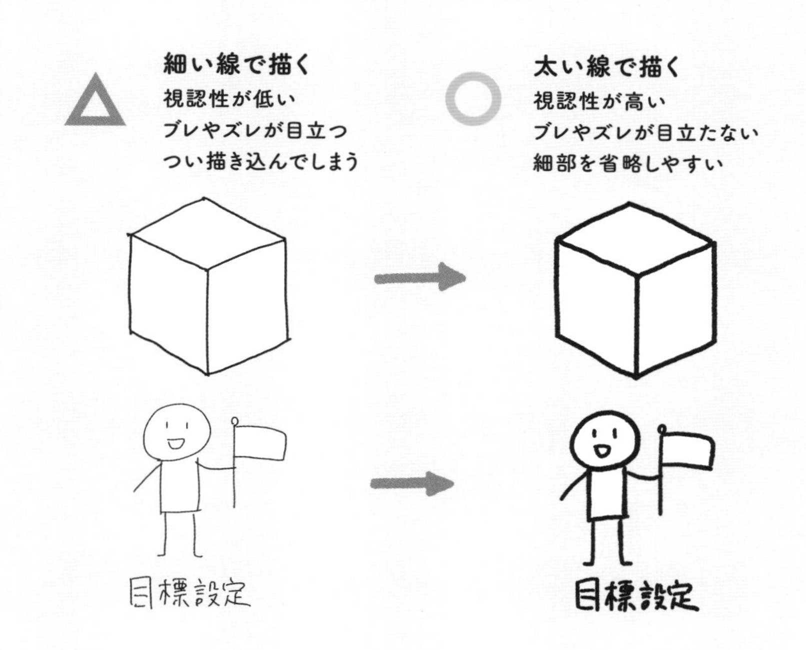

もったいない線の引き方③ 角を閉じない

3つ目のポイントは、角の処理です。急いで描くと、線が角からはみ出し、角をぴったり閉じられないこともあると思いますが、これは見る人に煩雑な印象を与える原因となります。

何かを描くときは、線の角をしっかり閉じる。交点は、はみ出さず開きすぎず、ぴったりと閉じる。これだけです。小さなことですが、これを意識するだけで、とても丁寧に見えます。特に字を書くときに有効で、「自分で書いた字も読めない」という人は、これに気をつけるだけで、断然読みやすくなります。また、角をぴったり閉じようとすると、自然と速度を落としゆっくり描くことになり、丁寧な線になります。

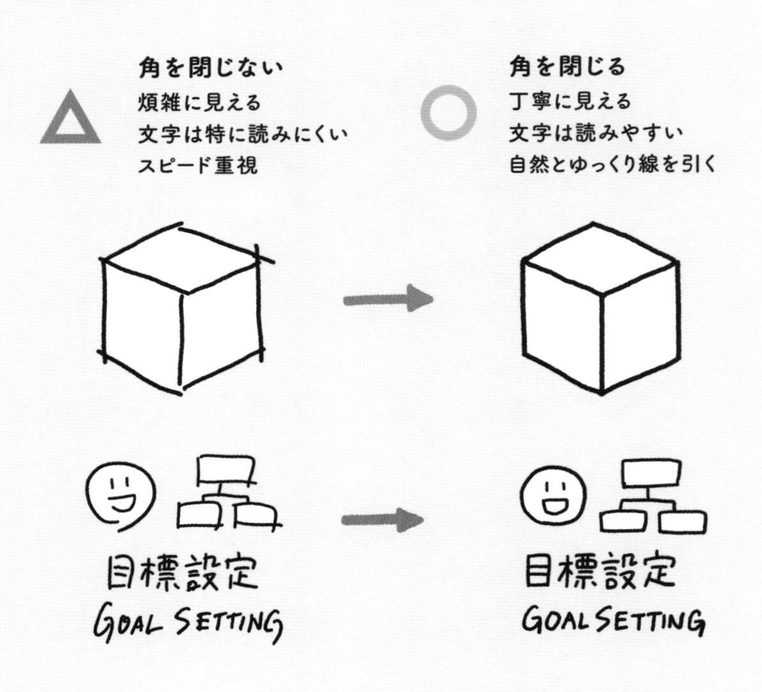

memo

読みやすい字の書き方については、3-2で詳しく解説しています。

ミニワーク

円と四角を10個ずつ描いてみましょう。このとき、1本線で描くことと、角を閉じることを意識してください。

ヒント まんまるの円を描くというのは、案外と難しいものです。右利きの人は自然と右上がりに、左利きの人は左上がりになりやすいので、それを意識して補正するようにすると描きやすくなります。

回答例

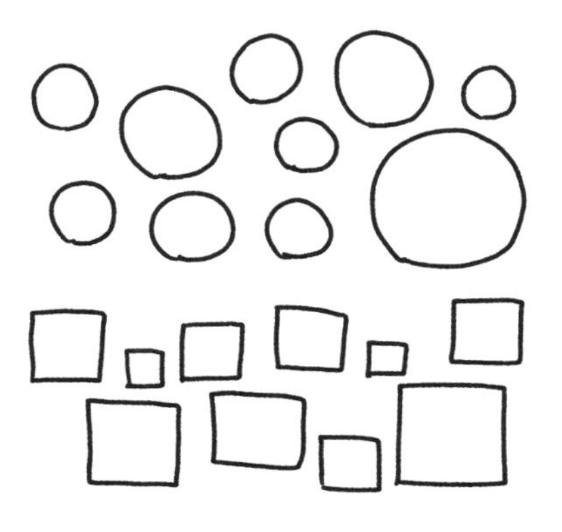

2-4 3つの図形で9割のものは描ける

絵を描くコツは、「置き換え」です。3つの図形で、誰でも身の回りのいろいろなものを描くことができます。

描きたいものを図形に置き換える

絵が描けないと思っている人の多くは、「絵は上手に描くもの」だと思い込んでいます。はじめから完璧を目指すと、「頭の中にイメージはあるけど、いったいどこから描き始めれば良いのか？」と筋道が立たなくなり、その結果描くこと自体をあきらめてしまう、という失敗体験につながります。

「英会話は言い換えが9割だ」と言われています。つまり、伝えたいことを簡単な表現に言い換えて話すのが鉄則ということです。**絵も同じです。完璧な絵を描こうとするより、伝えたいことを簡単な表現に置き換えることがとても重要です。**そのために、細部には気を取られず、対象物をシンプルな図形に変換しましょう。

3つの図形で9割のものは描ける

　置き換えに使う図形は、丸、三角、四角です。**たった3つの図形で、意外なほど簡単にあらゆるものを表現することができます。**

身の回りのものを描いてみよう

身の回りのものをよく見てみると、多くのものは丸、三角、四角という基本的な形が元になっていることがわかります。人工物はもちろん、複雑に見える自然物も、この3つの図形の組み合わせで簡単に表現することができます。

ミニワーク

次に挙げるものを絵にしましょう。

パソコン　イス　電車　花

目に見えないものは、他のものに例えよう

絵にできるのは、目に見えるものだけではありません。「アイデア」や「時間」といった抽象的な概念でさえも、何か別のものでたとえることで表現することができます。

ミニワーク

次に挙げる言葉を絵にしましょう。

教育　医療　科学　成長

ヒント　思いつかないときは、Google画像検索で「○○　アイコン」や「○○　イラスト」で検索してみましょう。

2-5 表情を描く

言葉では伝えにくい感情も、「表情」を描けば瞬時に伝えることができます。口、目、眉のパーツを組み合わせるだけで、誰でも簡単に表情が描けるようになります。

5×5×4で100通りの表情が描ける

議論や対話を可視化する上で、表情を使って人の感情を表現することはとても重要です。人の顔をリアルに描くのは難しいですが、すでに本書で伝えているように、絵を描くコツは、伝えたいものを簡単な形に置き換えて描くことです。

ここでは、タムラカイさんの著書『アイデアがどんどん生まれるラクガキノート術 実践編』（枻出版社）から「エモグラフィ」というテクニックを紹介します。人の顔を、口、目、眉の3つのパーツ

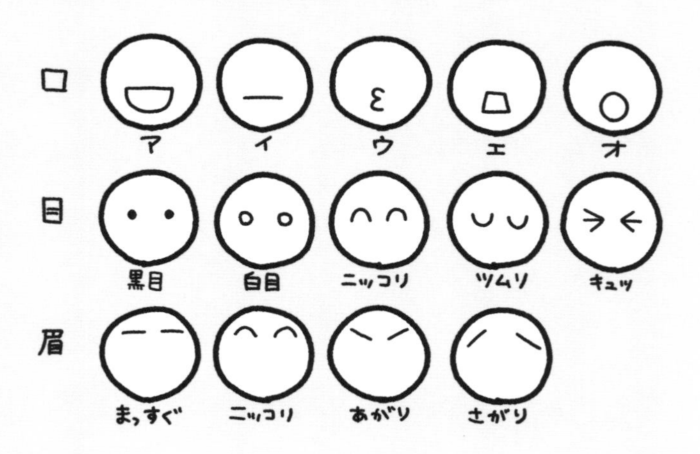

に簡略化します。**5種類の口・5種類の目・4種類の眉のパーツを組み合わせて、5×5×4＝100通りの表情が描き分けられるというテクニックです。**

まずは手元の紙に、前ページの図を真似して5種類の口と目・4種類の眉のパーツを描いてみましょう。次に、自由にパーツを組み合わせていくつか表情を作ってみましょう。意外な表情に出会えるはずです。

パーツをひとつ入れ替えるだけでも、全く違った表情に見えます。

私たち人間は、表情を読み取る能力にとても長けています。それは裏を返すと、たとえ簡略化した絵でも、見た人は自然と表情を補完し、想像できてしまうということです。**人の顔を正確に再現しようとしなくても、簡単な記号に変換すれば、誰でも簡単に描けて相手にもすぐに伝わります。**

参考『アイデアがどんどん生まれる ラクガキノート術 実践編』（タムラカイ、枻出版社）

ミニワーク

次の感情を表す表情を描きましょう。異なるシチュエーションを想像して、5通りの表情を考えてみてください。

「おいしいときの表情」「おもしろいときの表情」

回答例

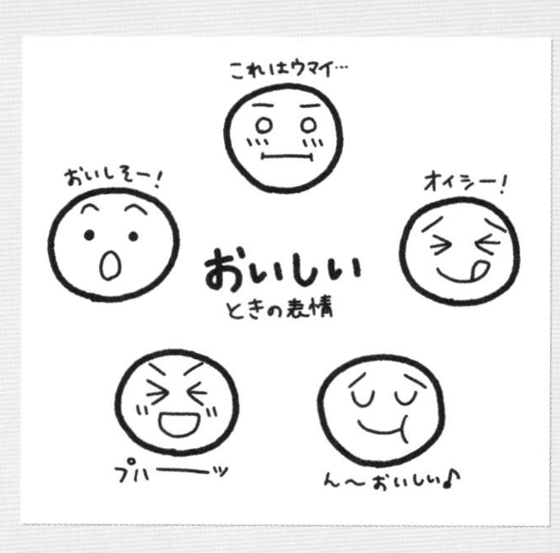

暑い日のビールを飲んだときの「おいしい」と、甘いチョコレートを口に入れたときの「おいしい」では、きっと違った表情をしているだろうな…と具体的なシーンを想像しながら描きました。

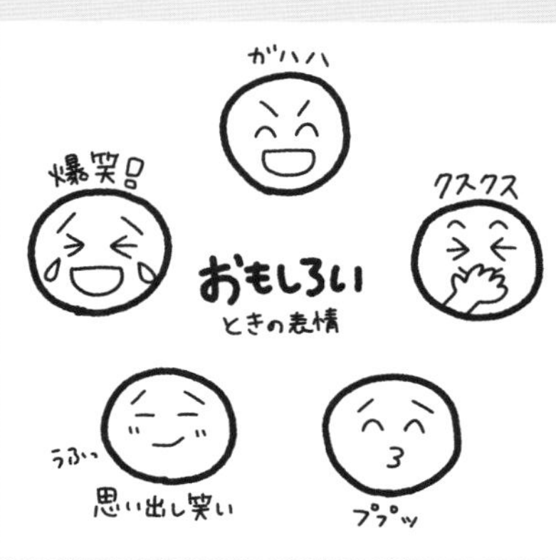

おもしろいと一口に言っても、いろいろなレベルがあります。ニヤリとした表情から、大爆笑まで、異なる感情のレベルを描き分けてみました。

2-6 人を描く

感情が描けるようになったら、次は人を描いてみましょう。簡単に描けて伝わる人の描き方を紹介します。

人を描く手順

基本的な人を描く手順は、たったの3ステップです。ものの10秒ほどで描けてしまいます。ここからは、押さえるべき5つのポイントを解説していきます。

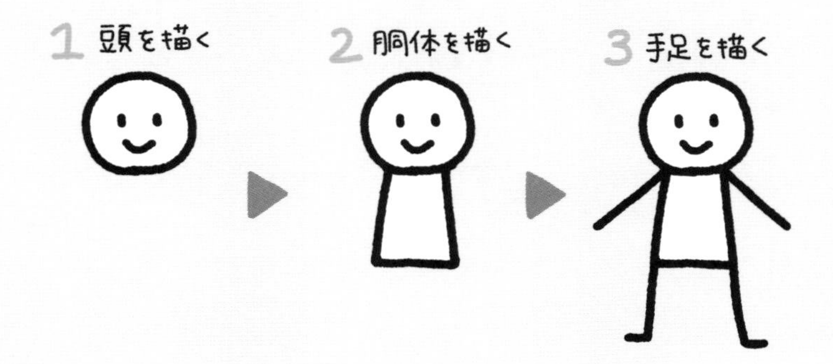

ポイント① 胴体は四角で描く

人の描き方には、棒人間のような単純なものから、髪や服などを詳細に描くものまで、様々なレベルがあります。伝わる絵を描くにあたってのおすすめは胴体を四角で描くこと。四角なら誰でも簡単に描けて、かつ幅広い表現ができます。

手足は、四角の四隅の頂点から描きましょう。これは、肩と骨盤という人間の骨格の重要な部分を単純化して表しています。

ポイント② 身体全体で感情を表す

感情を表すのは、顔の表情だけではありません。私たちの手足は、歩いたりものを持ったりする以外にも、様々な感情表現に使われています。ボディーランゲージと呼ばれるように、私たちは身振りや手振りを使って、相手に意志を伝えます。具体的には、手の合図、肩や腕の動作、身体の姿勢などがあります。それらを組み合わせればさらに多様な感情を表すことができます。

感情を伝えるには、大げさなくらいがちょうど良いです。大きな身振りをつけましょう。また、胴体の四角を変形させて猫背や胸を張った様子を描き分けることができます。ゴム板のようなイメージでしならせると描きやすいです。

ポイント③ 記号でもっと感情豊かに

記号を組み合わせれば、さらに感情を強調したり、意味づけをしたりすることができます。私たちが日々使っている絵文字やスタンプは、良いヒントになるので、参考にしてみてください。

さきほどの絵に記号をつけ加えてみました。感情をより明確に伝えることができます。

同じ顔でも、添える記号を変えると意味が変わって見えます。

ポイント④ 顔と身体の向きで関係を作る

次は、顔や身体の向きを描き分けてみましょう。顔の向きは、顔のパーツの位置をずらすことによって変えられます。身体の向きは、足の「くの字」に折れたつま先の向きによって表すことができます。向きによって人と人の「関係性」が生まれ、物語を感じさせることができるのです。

つま先を左右に開くと前を向いているように見え、左に揃えると左斜めを向いているように見えます。右も同様です。

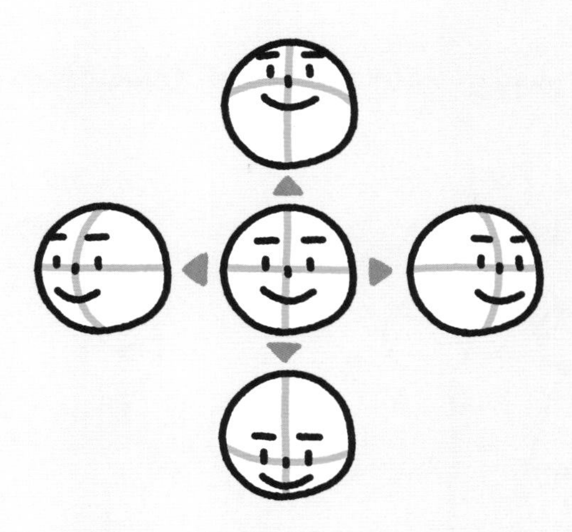

顔のパーツを左にずらすと左向きの顔に、右にずらすと右向きの顔になります。上にずらすと見上げた顔に、下にずらすとうつむいた顔になります。縦と横のアタリの線をイメージすると、描きやすくなります。

左の絵は、正面向きで描いたもの。２人が会話をしているようには見えません。右の絵は、顔と身体に向きをつけたもの。２人が向き合って会話をしている関係であることがわかります。

ポイント⑤ 髪型や服装で人を描き分ける

必要に応じて髪型や服装、アイテムなどを描き加えれば、老若男女や異なる職種など、色々な人を描き分けることができます。

組み合わせて様々なシチュエーションを描こう

ここまでに紹介した人や物を組み合わせると、様々なシチュエーションが描けるようになります。

ミニワーク

次のテーマでシチュエーションを描いてみましょう。
「私の休日の過ごし方」「私の朝のルーティン」

ヒント 誰と一緒なのか？どんな気持ちなのか？など、なるべく具体的なシチュエーションを思い浮かべましょう。

回答例

「私の休日の過ごし方」

「私の朝のルーティン」

memo

他にも、人を単純化した描き方には色々あります。私は、伝えたい情報量やかけられる時間に応じて、描き方を使い分けています。

物を擬人化しよう

ここまでの人の描き方を、人以外のものに応用すると、「擬人化」というテクニックになります。動物や物はもちろんのこと、「会社」や「システム」といった抽象的な概念まで、人のように表現することができます。

memo

人と商品の関係を人間関係にたとえてサービスの新しいアイデアを考えたり、難しい概念を擬人化してわかりやすく説明したりと、日々の仕事でも役立ちます。

2-7 ストーリーで伝える

これまでに学んできた物や人の描き方を組み合わせて、物事をストーリーで表現してみましょう。

ストーリーの力

ストーリーの力を借りると、物事を人に伝えやすくなります。ストーリーは得られる理解や共感が深く、相手の記憶に残りやすい*のです。

ストーリーは文章や話し言葉で伝えることもできますが、絵で表現すれば、ひと目で理解できます。**ストーリーの作り方を身につけると、アイデアを伝えるときや、プレゼンをするとき、ビジョンを組織に浸透させるときに、力を発揮します。**

*スタンフォード大学マーケティング学教授のジェニファー・アーカー氏の研究によると、ストーリーは、事実や数字を並べることに比べて、最大22倍も人の記憶に残りやすいことがわかっています。

memo

伝えたい思いやコンセプトを、“物語”として語る手法のことを「ストーリーテリング」と呼びます。企業のリーダーが理念の浸透を図ったり、組織改革の求心力を高めたりする目的で活用するケースが増えています。

4コマ漫画でストーリーを作る

4コマ漫画は、ストーリーの筋立ての基本です。**ストーリーを描く最も簡単なフレームで、誰でも簡単にストーリーを完成させることができます。**漫画の神様として有名な手塚治虫先生も、漫画を始めた頃に4コマ漫画をたくさん描いたことが、のちに良い経験になったと著書『手塚治虫のマンガの描き方』で語っています。4コマ漫画は、ストーリー作りの基礎トレーニングと言えます。

4コマ漫画では、ストーリーを4つの段階に分けて表現します。「起承転結」の順です。これは、中国の詩の形態から名づけられた方法で、中国の長い歴史が考え出した、ストーリーの最も単純な形だと言えるでしょう。**この起承転結に収めようとすることで、ムダなコマが整理され、伝えたいことが明確になります。**

4コマを中心に、物語を圧縮したり引き伸ばしたりすることもできます。物語をぎゅっと煮詰めると、1コマにできます。反対に、物語を引き伸ばして長い物語を作ることもできます。

memo

アイデアや伝えたいことを4コマ漫画にまとめることで、自然と伝えたいことが整理され、シンプルになります。整理する過程では、付箋を使うと、簡単にコマを並び替えたり入れ替えたりすることができます。

視点を意識しよう

ストーリーを描くのに欠かせないもの、それが主人公の存在です。主人公になれるのは、人間だけではありません。動物や物であっても良いのです。**大切なのは誰の視点で描くかです。**同じできごとでも、誰の視点で描くかによって、全く違うストーリーになることがあるからです。

ドイツのグラフィックレコーダー、カーテ・ブエトナーさんの講義で紹介されていたトーストのストーリーの例が面白かったので、私なりに再現してみました。ストーリーを描くときには、主人公と視点を設定することが重要だということがわかっていただけると思います。

トーストの作り方

「トーストの作り方」を人の視点と、トーストの視点で描きました。食パンを一枚取り出し、トースターで温め、バターを塗って完成。同じできごとですが、それぞれのストーリーは全く違うものになりました。

感情の変化を切り取ろう

ストーリーは、共感されてはじめて伝わります。そのためには、感情の変化を切り取ることが重要です。感情を軸にして、感情が変化する出来事を切り取ってストーリーを構成すると、伝わるストーリーが作れます。

memo

ストーリーは、アイデア発想にも役立ちます。私の職場では、製品やサービスの新しい顧客体験を考えるワークショップをよく実施しますが、このような3コマ漫画のシートを配布して参加者にアイデアを描いてもらうようにしています。モノや機能中心の発想から、人の体験を重視した発想ができるようになります。

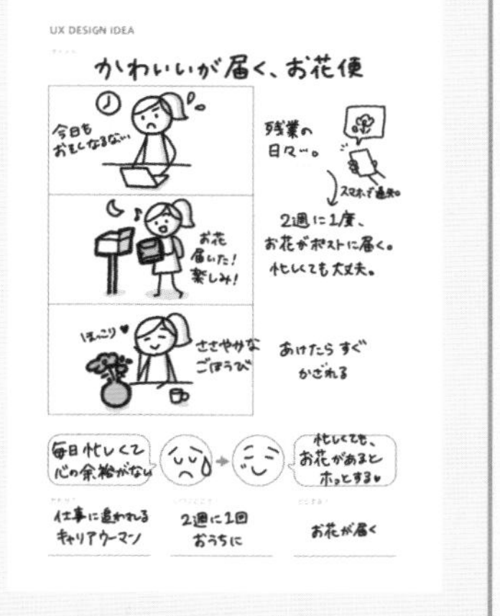

ミニワーク１

次の４コマ漫画の４コマ目を自由に発想してストーリーを完成させましょう。

memo

あなたはどんな結末を描きましたか？　本書のミニワークのアウトプットは、ぜひハッシュタグ「#はじめてのグラフィックレコーディング」をつけてSNSに投稿してください！ 読者のみなさんが学びを共有し一緒に練習できる場になればと思っています。

ミニワーク２

「桃太郎」のあらすじ*を4コマ漫画にしてみましょう。

*おばあさんが川で拾った桃から生まれた桃太郎。おじいさんおばあさんの元、すくすく育つ。強くたくましく育った桃太郎は鬼退治へ。犬、猿、キジにきび団子を渡して仲間に。見事、鬼を倒して宝物ゲット。

回答例

Column 1分で描ける似顔絵

「似顔絵ってどう描いてるんですか？」という質問をよくいただくので、ここでは、手早く似顔絵を描くコツについて考えてみます。

1分で誰かわかるレベルの似顔絵を描く

グラフィックレコーディングをするときに、似顔絵が描けると便利です。参加者意識も高まりますし、何よりとても喜ばれます。

まず似顔絵の考え方ですが、ここでは似顔絵師が描くようなプロフェッショナルなレベルは目指しません。1分で描けて誰かわかるレベルを目指します。なぜかというと、似顔絵を芸術作品としてではなく、コミュニケーションツールとして考えているからです。たとえば社内の会議に誰が参加していたか、程度のことがわかれば良いのです。時間を描けずに簡単に描ける似顔絵の描き方を、3つのステップで解説します。

① 顔の輪郭を描く

まずは、顔の「輪郭」を捉えます。輪郭は、顔の印象を決める大きな要因のひとつです。丸型、逆三角、四角型、三角型、といった種類に描き分けられます。実際には人の顔はもっと複雑な形をしていますが、**パッと見たときの印象で、シンプルな図形として捉えましょう。**

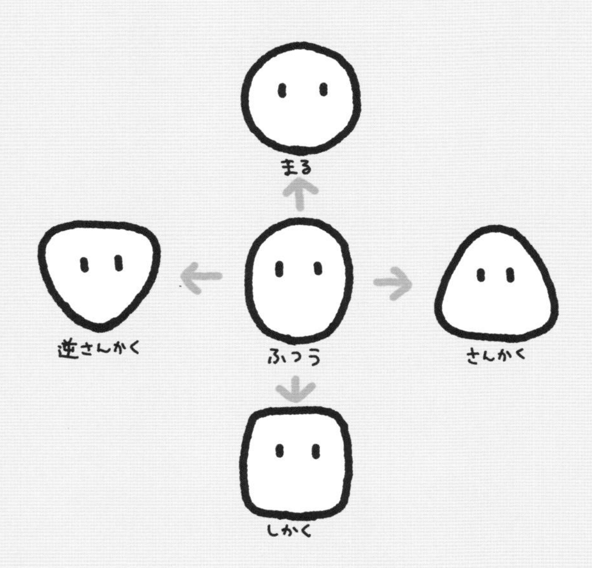

② 髪型を描く

次に描くのは、「髪型」です。髪型と一口に言っても、様々なバリエーションがあります。髪質、髪色、長さ、毛量など様々な要因で髪型は決定するので、本当にひとりひとり違います。**重要なことは、**

髪全体をひとつのかたまりとして捉えることです。そうすると、シンプルな形に落とし込みやすくなります。

似顔絵は、その人の一番大きな特徴をつかむことができれば成功です。顔の輪郭と髪型を描いただけで、もうその人だとわかることもあるくらいです。

③ 顔のパーツを描く

最後にいよいよ、顔のパーツ（目眉鼻口）を描いていきます。

目や鼻の形といった顔のパーツの形を正確に捉えることが似顔絵をうまく描くコツだと思われがちですが、実際には、**パーツの形よりもパーツの配置の方が重要です。**

目と目が近いか遠いか、目と眉が近いか遠いか、おでこの広さ、あごの長さなど。顔とパーツの位置関係、パーツ同士の位置関係を捉えると、似顔絵の完成度が一気に上がります。

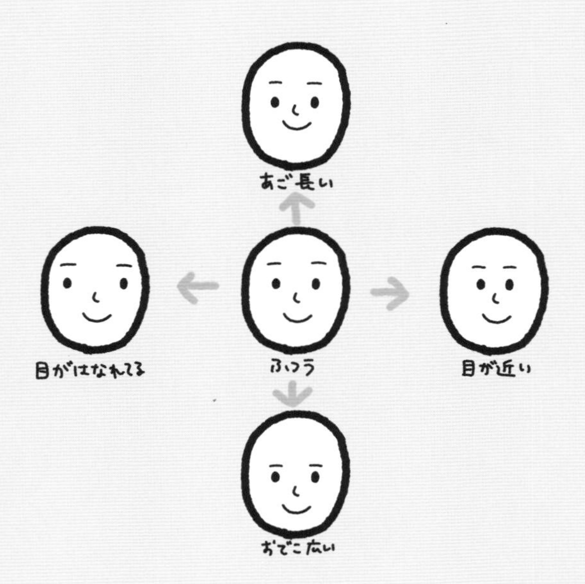

5つの顔は全て同じ目眉鼻口のパーツで描かれていますが、
配置が違うだけで、違う人の顔に見えます。

完成！

これで完成です！ プロのような似顔絵を描けるようになるには長年の修業が必要ですが、このような手軽な似顔絵であれば、今すぐ実行できて、慣れれば1分ほどで描けるようになります。

memo

一般に、個性的な顔は簡単に似せることができます。反対に、平均的な顔立ちは、似てると思わせるのは難しいものです。似顔絵は比較対象があるとそれぞれの違いがわかりやすくなります。練習のコツは、何人かの顔を一緒に描いてみることです。

Chapter 3

伝わる言葉の書き方

言葉には、絵や図と組み合わせて意味を正しく伝えるという重要な役割があります。この章では、基本となる文字の書き方、文字の見せ方、そして言葉の選び方を学びます。

3-1 意味を広げる絵と、意味を絞る言葉

言葉は、絵に添えることで絵の意味を絞り込む働きがあります。絵と言葉を組み合わせて伝わる意味をコントロールしましょう。

意味を広げる絵と、意味を絞る言葉

この絵は何を表しているでしょうか？

「山」と答える人もいるでしょうし、「自然」と捉える人もいるでしょう。「エベレスト」の風景を思い浮かべる人もいるかもしれません。このように、絵は、解釈によって様々なレベルの意味に取れます。すなわち、**絵には意味を広げる働きがあるということです。逆に言うと、絵だけではひとつの意味に絞ることができません。**

では、この山の絵に、言葉を組み合わせてみましょう。

さて、今度はどうでしょうか？

絵だけではエベレストだと判別できませんが、言葉があることによって、伝えたいのはエベレストだということがわかります。このように、**言葉には、意味を絞り込み、意味のピントを合わせる働きがあります。**

次は、少し視点を変えて、「今月の目標」という言葉を添えてみましょう。

「目標」という言葉が添えられたことにより、全く同じ絵でも、その見え方は変わったのではないでしょうか。ここでの絵は、エベレストのような実在する山ではなく、「乗り越えて到達すべき目標」という例えの役割を果たし、新たな文脈を生み出しています。このように、**絵と言葉の関係によっては、文脈や物語を想像させる表現に生まれ変わります。**

エベレスト

今月の目標

絵と言葉を組み合わせて意味をコントロールする

見る人に自由な解釈を求める芸術作品と違い、ビジュアルシンキングは、意味や意図を伝えることが目的です。**意味を広げる絵と、意味を絞る言葉。これらを組み合わせることによって、伝わる意味の広がりをコントロールできるのです。**

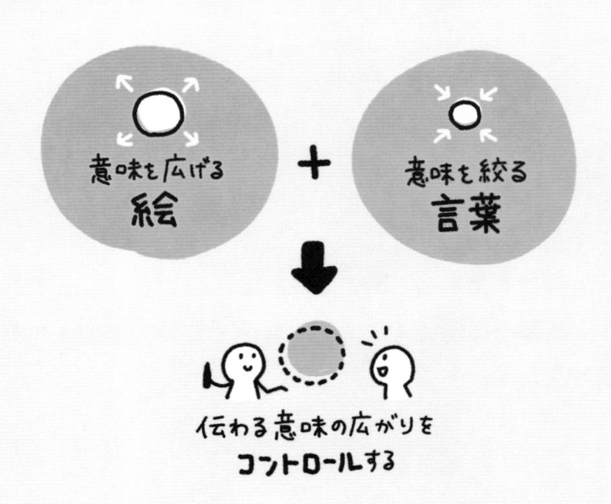

ミニワーク1

次の絵を見て、連想した言葉を書き出してみましょう。

回答例

- 鍵
- パスワード
- ヒミツ

- 危険
- 争い
- 一触即発

- 友だち
- 信頼
- 協力

同じ絵でも、いろいろな意味に捉えられることを実感していただけたと思います。言葉と絵は1対1の関係ではないのです。

ミニワーク2

絵と言葉の連想ゲームをしましょう。次の言葉をスタート地点にして、言葉から連想されるイメージを絵に変換し、その絵からまた別の言葉に変換し、それを交互に繰り返しましょう。

「成長」「目標」「危険」

回答例

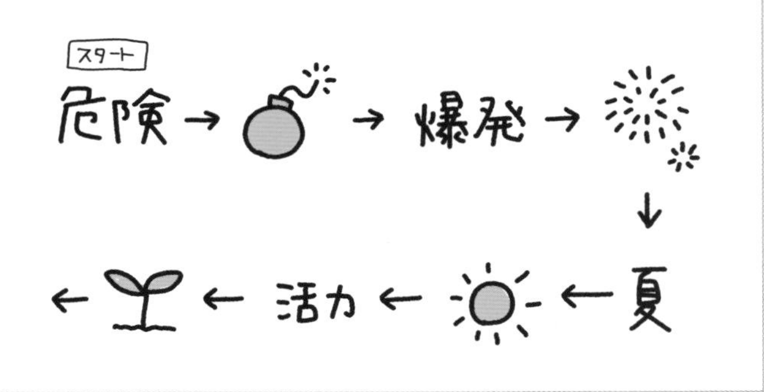

この連想ゲームを通して、絵から言葉、言葉から絵への連想のトレーニングができます。

3-2 読みやすい文字を書く

ちょっとしたコツをつかめば、完璧な文字でなくても、「読みやすい文字」に見せることができます。文字を書くのが苦手だと思う人は、ぜひ試してみてください。

ちょっとしたコツで「読みやすい文字」に見せる

「読みやすい文字が書けなくて、
自分でも後から読めないときがあります」

2章でも触れましたが、このような悩みを持っている人は少なくありません。私も、大人になるにつれて「自分さえ読めればいいや」という適当な書き方が習慣になっていました。

いわゆる書道や硬筆で目指すような「美しい文字」が書けるようになるには、時間と労力を要します。しかし、「美しい文字」は書けなくても、ちょっとしたコツで「読みやすい文字」を書くことができます。

「読みにくい文字」と「読みやすい文字」の違いは、ちょっとしたバランスです。 そのバランスが整えば、誰もが読みやすい文字に変わります。本格的に書道や硬筆を習わなくても、簡単に「読みやすい文字」に見せるコツをまとめました。読みやすい文字が書けるようになれば、日常生活の様々な場面で役に立ちます。

① 水平垂直な線で書く

書道や硬筆では、横の線を少し右上がりに書くのが美しいとされています。しかし、一定の傾きを維持するのは難しいため、傾きがバラついてかえって読みにくくなってしまうこともあります。そこで本書では、**水平・垂直を意識して書くことをおすすめします。**正方形の箱をイメージして、そこに文字を収めるイメージで書くと書きやすいです。

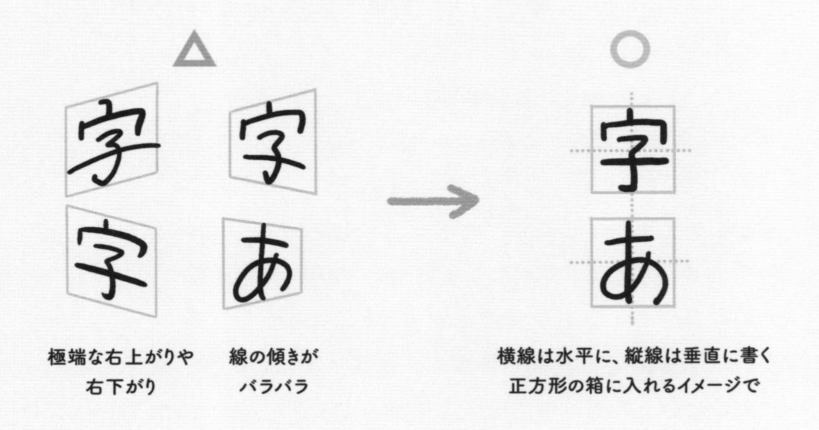

② 角を閉じる

2-3「もったいない線の引き方」でも紹介しましたが、**角を閉じることを意識をするだけで、格段に文字が読みやすくなります。**画数の多い漢字は、角がはみ出ていたりすると読みにくくなってしまうので、特に注意しましょう。

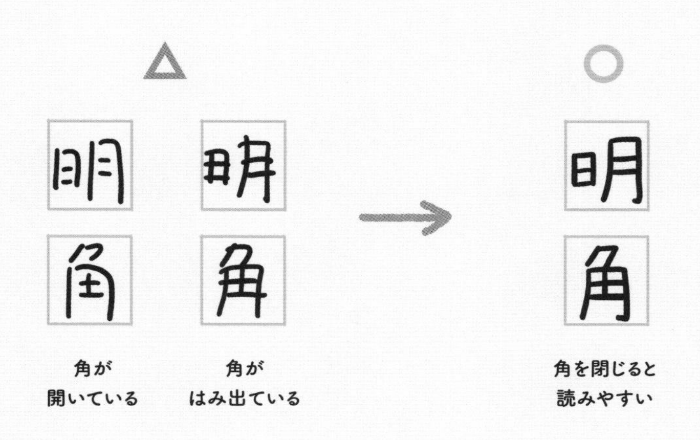

③ 漢字は大きく、ひらがなは小さく書く

文字は一文字ずつ読むものではなく、単語や文といったまとまりで読むものです。したがって、複数の文字同士のバランスが読みやすさを左右します。ひとつひとつの文字は読みやすくても、大きさがバラバラだと読みにくくなります。画数の多い漢字と、画数の少ないひらがな・カタカナのバランスを取るためには、漢字に対して、ひらがなとカタカナをひとまわり小さく書くと良いです。

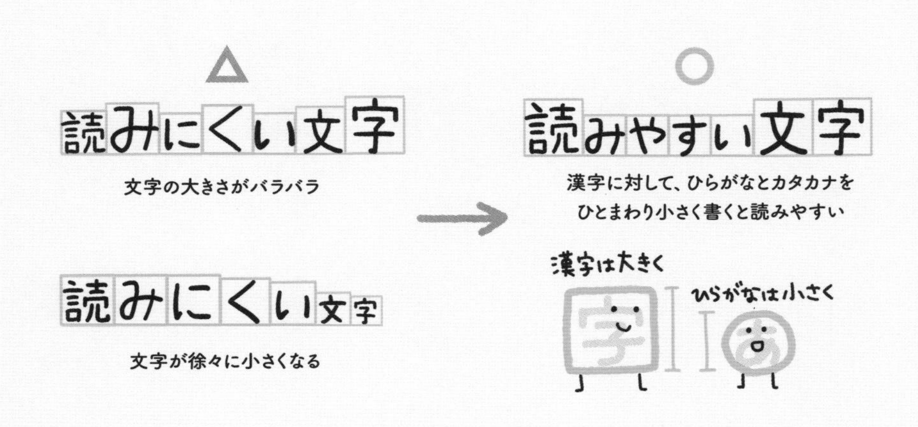

memo

アルファベットを書くときは、遠くからでも読みやすいように、小文字は使わず全て大文字で書くのがおすすめです。

④ ベースラインを揃える

文字の下端をベースラインといい、このベースラインが揃っていないと、その文章は読みにくくなります。**横書きの場合は下揃えに、縦書きの場合は中央揃えにしましょう。**文字を書く前に線を軽く引いてアタリをつけると、簡単にベースラインを揃えることができます。または、方眼紙を使ってガイドにしても良いでしょう。

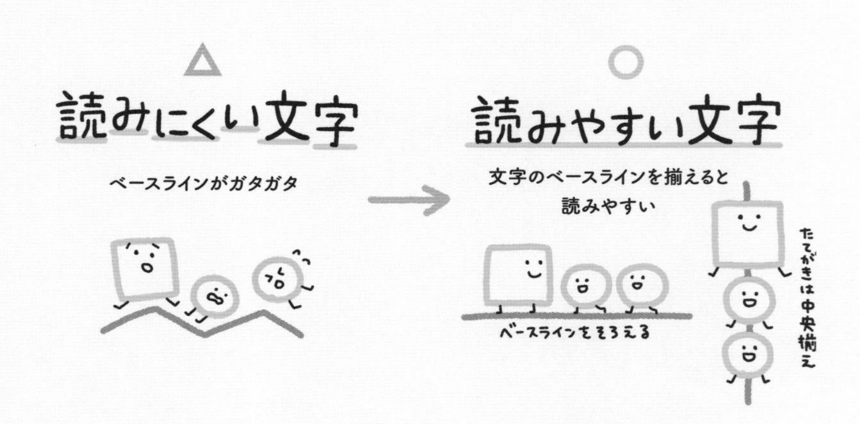

裏ワザ：潰れる文字は省略する

グラフィックレコーディングのように、スピードと読みやすさの両方が求められる場面では、正確性を妥協することもあります。たとえば「門」の字画を省略した「门」という略字は、普段から使っている方も多いと思います。私はそれ以外にも、画数が多くて文字が潰れてしまいそうなときには、線を省略したり、「口」を丸で一筆書きしたりします。

memo

興味深い事例を紹介しましょう。一昔前まで高速道路の標識で使われてきた「公団文字」は、かなり大胆に文字を省略しています。高速で移動する車内から120メートル先の標識の文字も読めるようにと、デザインされています。

一般的なゴシック体		公団文字
中洲 三鷹 那覇	▶	中洲 三鷹 那覇

3-3 魅せる文字を描く

読みやすい文字を書けるようになったら、次は少しレベルアップして、「魅せる文字」を描いてみましょう。

文字で人を惹きつける

文字は、見せ方ひとつで見る人に与える印象が大きく変わります。文字の形や色、フキダシなどの囲みを工夫することで、タイトルやキーワードを目立たせたり、感情を表現したりすることができます。

ここでは、様々な文字の表現を紹介します。人を惹きつける「魅せる文字」の表現を学んでいきましょう。

文字を目立たせる

タイトルやキーワードを目立たせたいときに使える文字の書き方を右の図にまとめました。手早くできるのは、太いペンで書く、ハイライトや下線を引くといった方法です。もっと目立たせたいときは、袋文字にしたり、影をつけたり、囲みを描くといった方法があります。

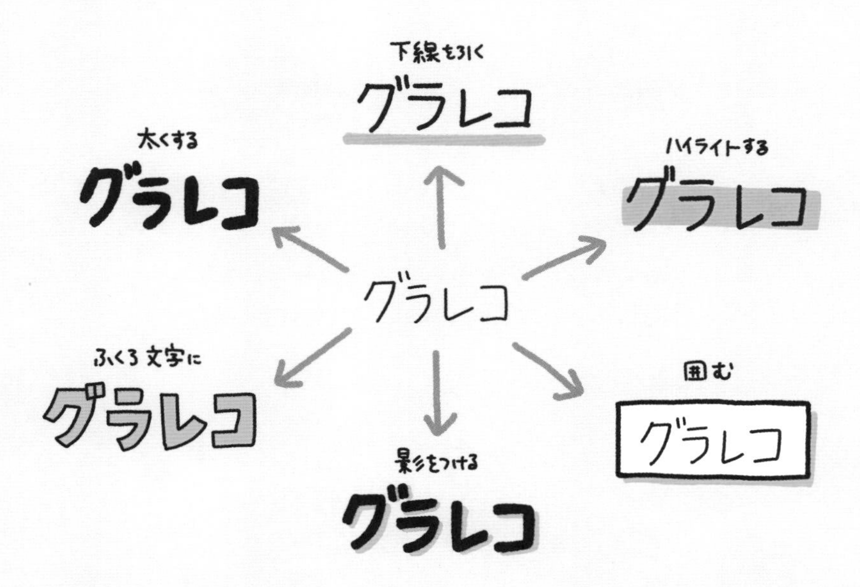

中でも袋文字は少し難しいですが、次のステップで描くことができます。

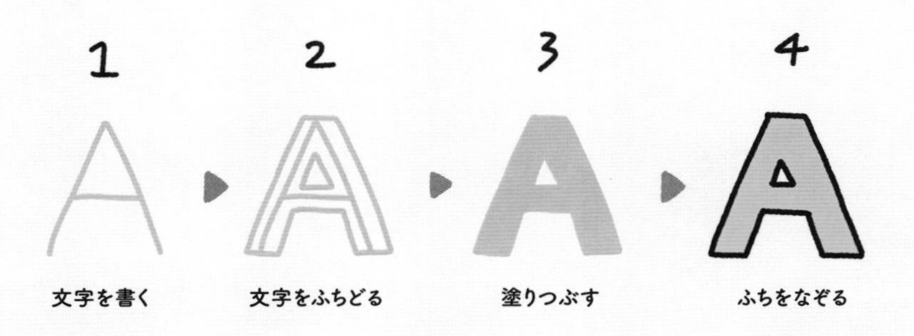

「描き文字」で感情を表現する

漫画で見かけるような「描き文字*」を参考にして文字を「描く」ようにすると、感情や雰囲気を伝えることができます。荒々しく描くと激しい印象になり、丸みを与えるとやわらかい印象になります。このように、描き方次第で相手に伝わる印象が変わります。

*描き文字：漫画独特の表現技法のひとつで、手描きで描かれた効果音のことです。人の心情や雰囲気・状況を、読者に適切に伝える役割があります。

大きく描くと激しさや迫力を、小さく描くと静けさを表現できます。

丸く描くとやわらかさや明るさを、尖らせて描くと硬さや鋭さを表現できます。

フキダシで感情を表現する

言葉をセリフとして見せたいときに使えるのが、フキダシです。フキダシもまた、漫画表現に学べる表現手法です。フキダシの形によって、そのセリフの感情を表現することができます。

激しい感情はトゲトゲしたフキダシで、心の中で思っていることは点線のフキダシで表すことができます。

フレームでまとめる

文字情報のまとまりを示したいときや、タイトルとして目立たせたいときには、文字を囲むフレームを活用しましょう。まわりの情報から区別され、注目されやすくなります。

リボンやノート、看板といったものをフレームとして使うことができます。

目を惹くタイトルを作る

ここまでに紹介した魅せる文字の表現や、2章で学んだ絵を組み合わせると、人を惹きつける魅力的なタイトルを作ることができます。

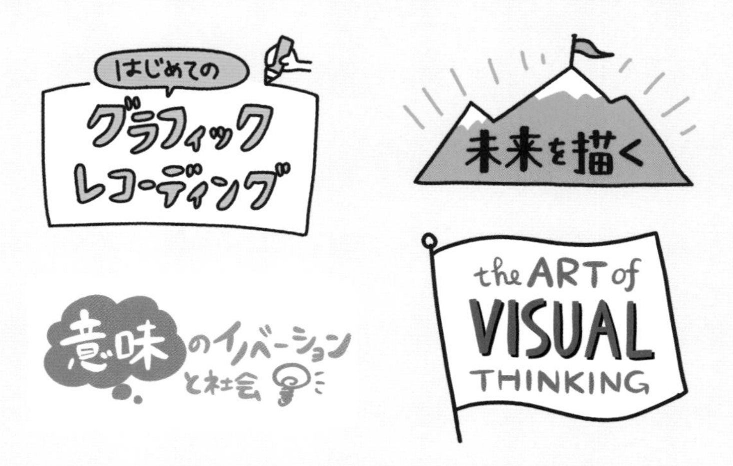

同じタイトルの中で文字の描き方や色を変えてメリハリをつけたり、タイトルの意味を絵にして添えたりすることで、魅力的な文字をデザインできます。

3-4 伝わる言葉選び

これまで文字の見せ方を学んできました。ここでは、言葉の内容に踏み込み、伝わる言葉の選び方について考えていきましょう。

センテンスは短く簡潔にする

話し言葉をそのまま書き出すとセンテンスが長くなり、描くのにも読むのにも時間がかかってしまいます。**言葉をグラフィックのひとつとして扱う際は、短く簡潔なセンテンスになるように、言葉を選びましょう。**たとえば、「具体例を挙げると」を「例」と置き換えるなど、同じ意味でも短い単語に置き換えることができます。「〜や〜があります」のような長い文章も、短いキーワードにして箇条書きでまとめることができます。

話し言葉をそのまま書くと、センテンスが長くなりがち

単語の置き換えや箇条書きを使って センテンスを短くすると、ひと目で伝わる

記号に置き換える

よく使う用語を簡単に描ける記号に置き換えるという方法も有効です。文字（特に漢字）は画数が多く書くのに時間がかかります。**短時間で描ける簡単な記号に置き換えることで、描く時間を短縮するとともに、ひと目で意味を伝えることができます。**

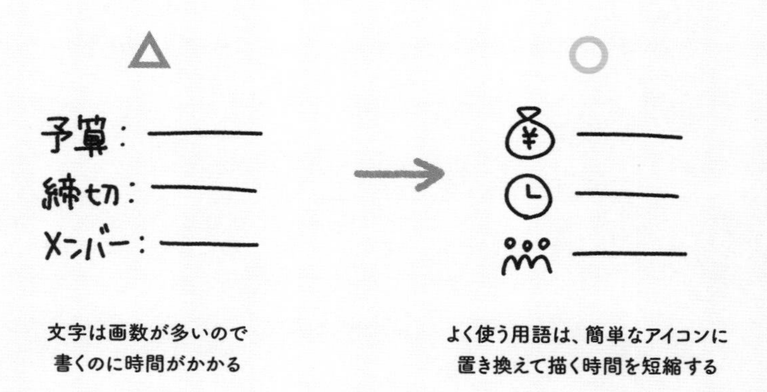

文字は画数が多いので
書くのに時間がかかる

よく使う用語は、簡単なアイコンに
置き換えて描く時間を短縮する

数字やデータを拾う

短くわかりやすい言葉選びにおいて、数字やデータを用いることはとても大切です。「売上が急増」と書くよりも、「売上40%増」としたほうが、具体的で明確です。**漠然とした言葉を避けて、具体的な数字やデータを積極的に拾うようにしましょう。**

△		○
売上が急増！	→	売上40％増！
来場者も多く大成功！	→	来場者数3日で1000人！（大成功！）
漠然とした言葉だと、内容が曖昧になりがち		数字やデータを拾うと内容が具体的になる

memo

「絵や図も描きたいのに、文字ばかりになってしまいます」と思う人もいるかもしれません。そんなときは、まず文字を「書く」のではなく「描く」という意識を持ってみると良いでしょう。

Chapter

伝わる 図の作り方

図は、考えや議論を整理したり、複雑なものをわかりやすく伝える際に役立ちます。基本となるパターンを理解すれば、誰でも図を作れるようになります。この章では、図の基本要素である点・線・面・矢印の使い方や、会議に役立つ図の型を学びます。

4-1 図の作り方

図を作るのは難しそうに思えるかもしれませんが、ステップを踏めば誰でも図を作ることができます。

考えを図で整理する

図は、物事の構造を可視化したものです。**あらゆる物事の構造は、物事を構成する「要素」とその「関係」で表すことができ、それを見える形にしたものが図です。**

図が描けるようになると、ビジネスモデルや業務フローといった抽象的な物事を表せるようになります。また、複雑な議論も図にしてまとめることで、全体像が見え考えが整理されます。

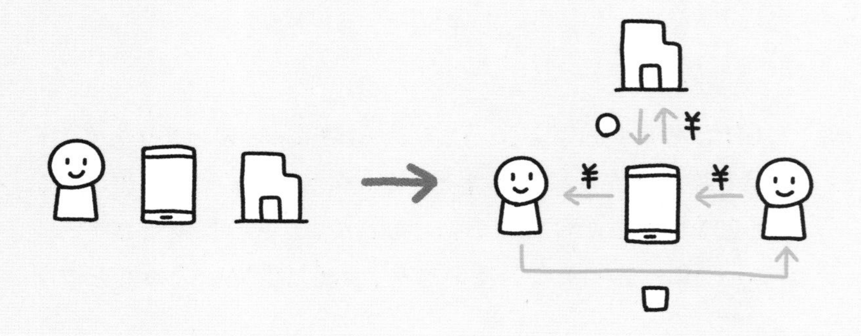

たとえばビジネスモデルを図にすると、このようにシンプルな絵と矢印を組み合わせて作ることができます。

文から図を作る

ここからは、次の文を例にとって、文から図を作るプロセスをステップごとに解説します。

Aちゃんが Bくんにプレゼントを贈りました。

①要素と関係に分解する

図にするはじめのステップは、文を要素と関係に分解することです。平坦な文に見えますが、次のように分解できます。

要素：「Aちゃん」「Bくん」「プレゼント」
関係：「～が～に～を贈った」

Aちゃんが Bくんにプレゼントを贈りました。

memo

要素は、主語や目的語などの名詞に注目すると見つけやすくなります。関係は、「贈る」など動詞から見つけることができます。

②要素を抜き出す

まずは要素を抜き出して並べます。図に必要な要素と関係のうち、要素が揃いました。

Aちゃん　Bくん　プレゼント

③関係を表す

次は、要素同士の関係を表します。「〜が〜に〜を贈った」という関係を、今回は矢印を使って表します。関係の表現パターンは、次の節から詳しく解説します。要素と関係が表せたので、ひとまずこれで図になりました。

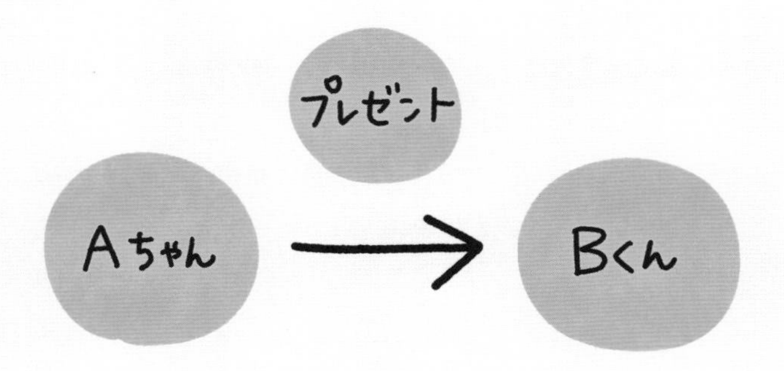

Aちゃんからβくんの方向に矢印を伸ばし、その矢印の上にプレゼントを配置してプレゼントが移動したことを表しています。

④要素を絵にする

③のままでも図として成立しますが、ここで、要素を絵にしてみましょう。言葉だけでなく絵を組み合わせることで、図の内容がひと目で理解しやすくなります。これで図の完成です！

Aちゃんと Bくんを女の子と男の子の顔に、プレゼントを絵に置き換えました。

表現のパターンを知ろう

今回の例では矢印を使いましたが、図には他にも多種多様の表現があります。「伝えたいことはあるけど、どんな図を使えば良いのかわからない」と難しく感じるかもしれませんが、**様々な表現のパターンを知ることで、その中から伝えたいことに最も適した表現を選べるようになります。** この章では、図の基本要素である点・線・面・矢印の使い方と、会議に役立つ図の型を解説しています。使える表現の引き出しを増やしていきましょう！

memo

ここでは、ひとつの文から図を作る方法を学びました。これを応用すると、議論の中の話題と話題の関係を図で表すことができるようになり、議論全体の整理に役立ちます。

4-2 点・線・面・矢印

図の4つの基本要素である点・線・面・矢印の使い方を紹介します。

図は点・線・面・矢印で作れる

図の表現には、多種多様なパターンがあります。まずは図の基本要素である「点・線・面・矢印」について学んでいきましょう。

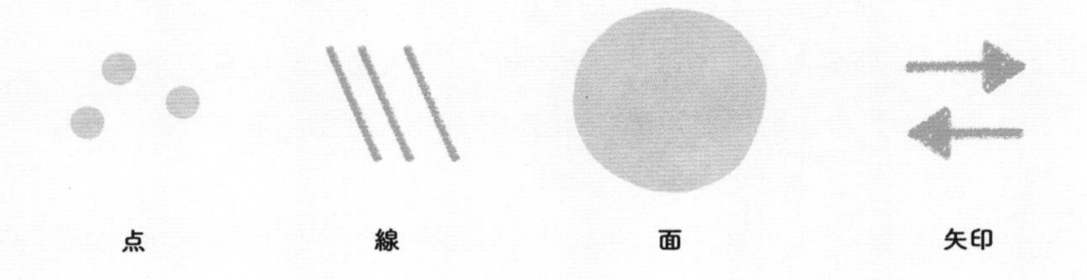

点・線・面・矢印の使い方を知れば、様々な図を作ることができます。

点は、図表現の最小単位です。点を並べると線になり、線を並べると面になります。矢印は、線の一種と捉えることもできますが、4つ目の要素として取り上げています。これら4つの基本要素の特徴と働きを理解して、使える図表現の引き出しを増やしていきましょう。

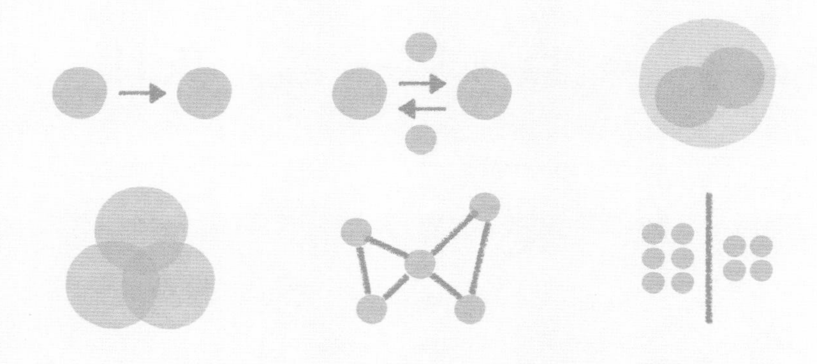

点の使い方

点は図表現の最小単位です。ひとつひとつの点は「**位置**」を持っています。複数の点を組み合わせることで、要素同士の多様な関係を点の位置関係によって表せるのです。規則的・不規則的な並び方や、遠いか近いかの「**距離感**」、密か疎かの「**密度**」など、様々な複雑な関係を伝えることができます。

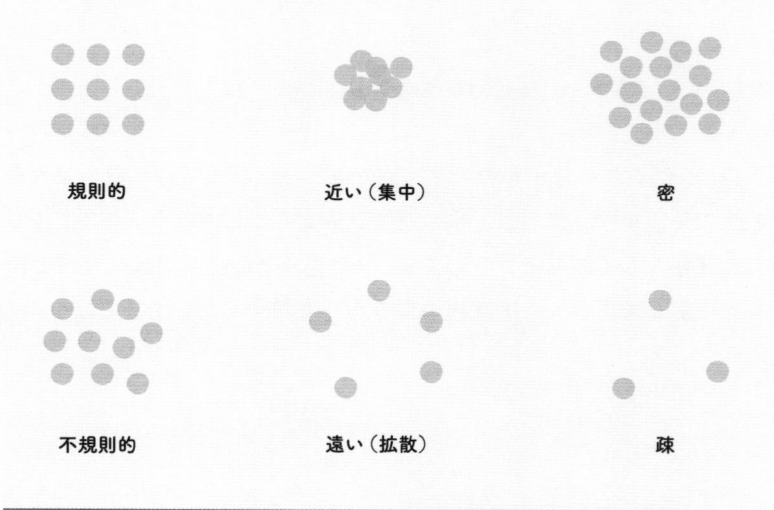

たとえば点を人に見立てると、見る人の想像力によってその意味が補われ、様々な人間関係の表現を作り出すことができます。

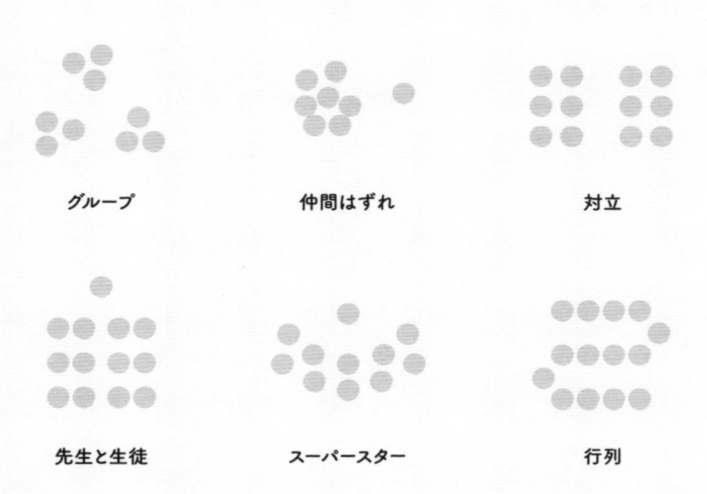

点を使った図の例

線の使い方

要素と要素を線で結ぶことで、要素の**「つながり」**を表すことができます。直線と曲線を使い分けることもでき、たとえば直線にすると並列関係を、円にすると循環を表現できます。他にも線のつなげ方を変えるだけで、家系図や、ネットワーク、木構造といった様々なつながりを表現できます。

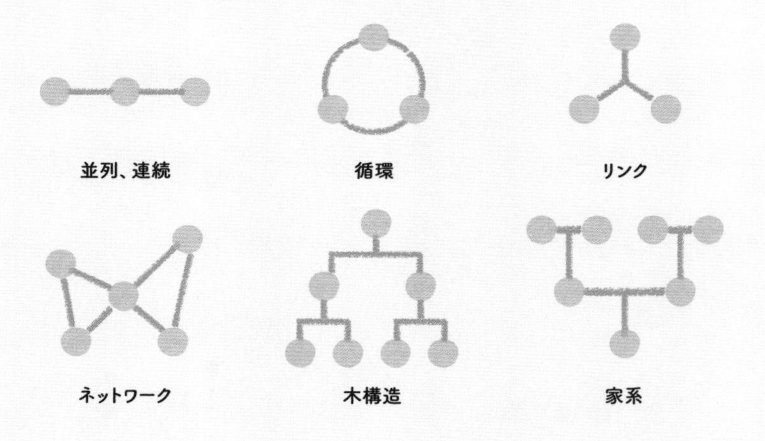

要素と要素を線で結ぶとき、線の太さで強度を、線の長さで距離を表現することができます。

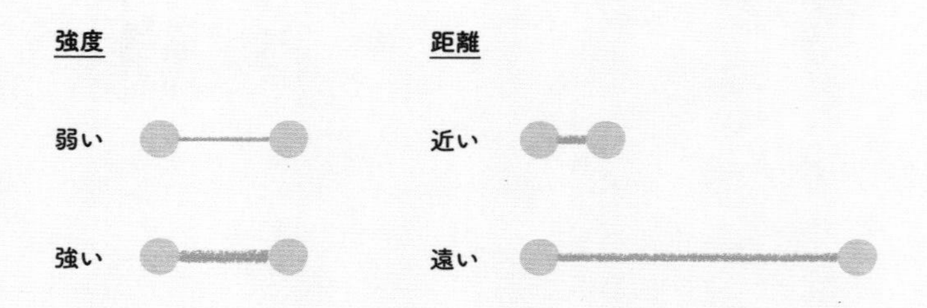

また、線には、「**境界**」としての役割もあり、要素を区切ったり囲んだりすることで、要素を視覚的に分類できます。

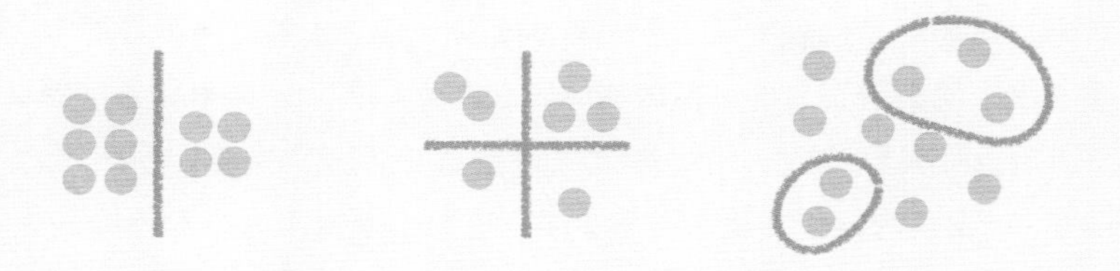

そして、線の形状を「**軌跡**」として捉えると、経路や道順などを表現できます。

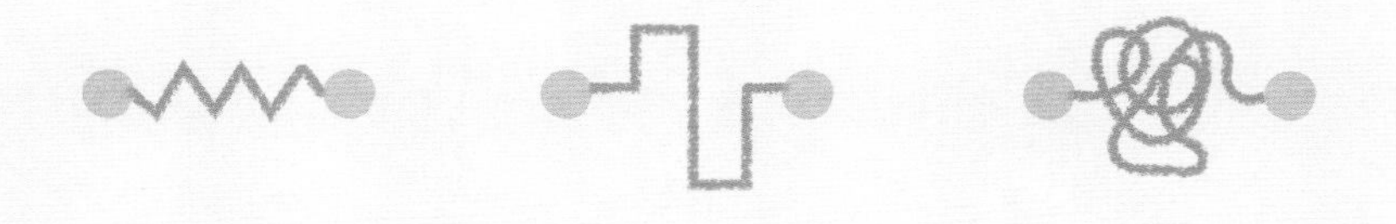

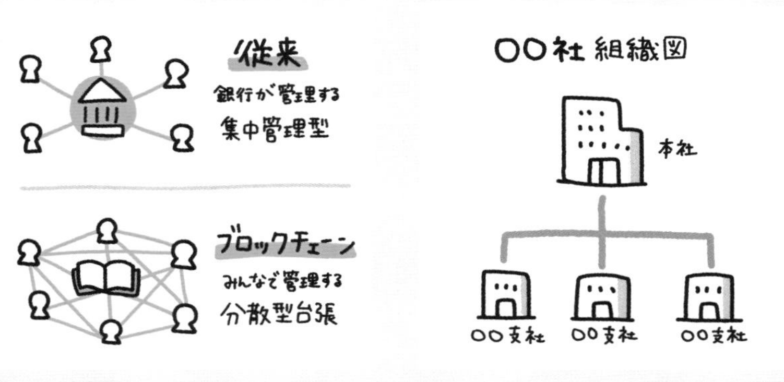

線を使った図の例

面の使い方

面には様々な種類や捉え方がありますが、ここでは円形の面を使って、図表現としての面の使い方を紹介します。点や線とは異なり、面には面積があることが特徴です。面の大きさを変えるだけで、面積=「**量**」を表すことができます。また、面は内と外を分けることができるので、部分や全体といった「**集合**」を表すことができます。さらに、面を重ねることで、「**階層**」を表すことができます。

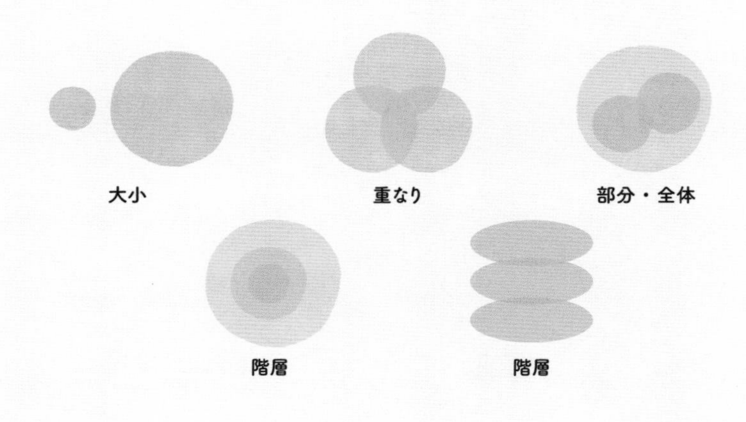

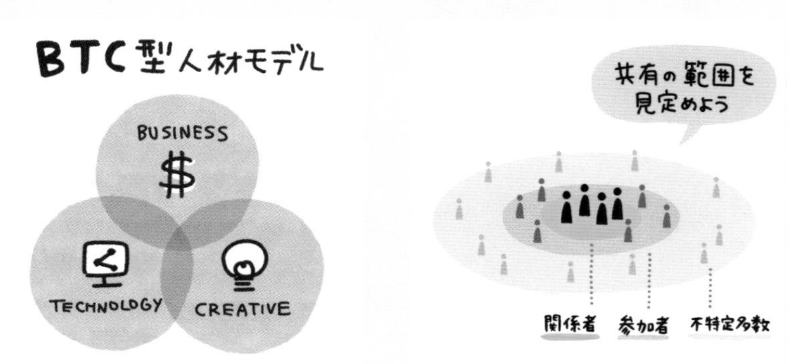

面を使った図の例

矢印の使い方

矢印は、使い方によって、実にいろいろな意味を持たせることができます。使い勝手が良いので、普段から何気なく使っている人も多いと思います。矢印の持つ様々な意味を知り、これからは意識的に使い分けられるようになりましょう。

矢印には方向があるので、原因と結果の**「因果」**や、連続した**「順序」**、モノや金の**「流れ」**といった関係を表すことができます。

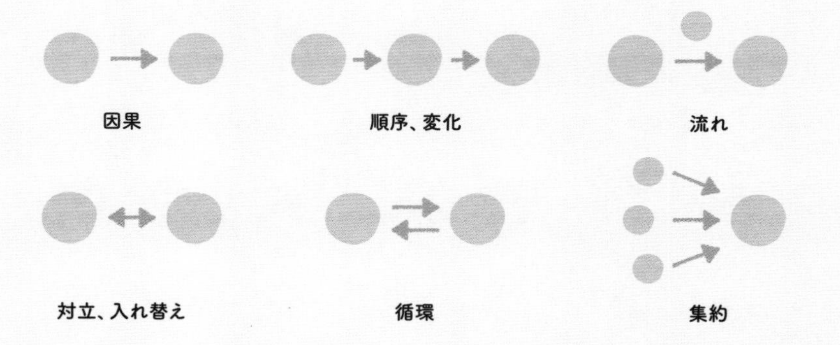

さらに矢印は、その角度を変えるだけでも、異なった意味になります。

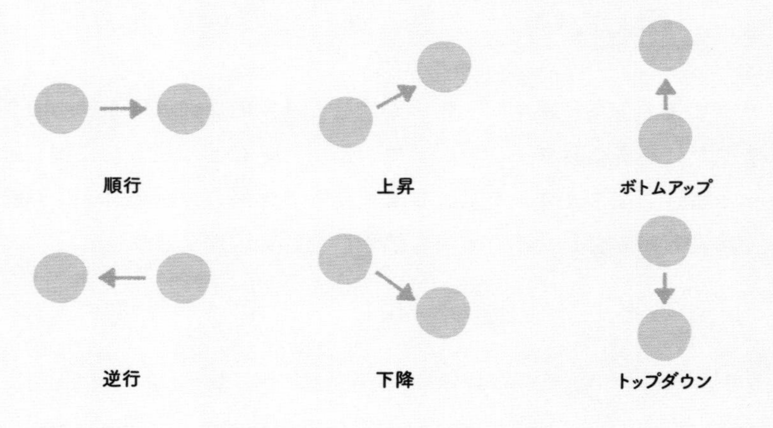

memo

矢印は他にもたくさんの使い方があり、多様な意味を持たせられます（巻末ビジュアルライブラリー参照）。その反面、読み手は様々な意味に解釈できてしまい、誤解が生まれることもあります。場合によっては、言葉を添えることで、意味を絞り込むことが必要です。

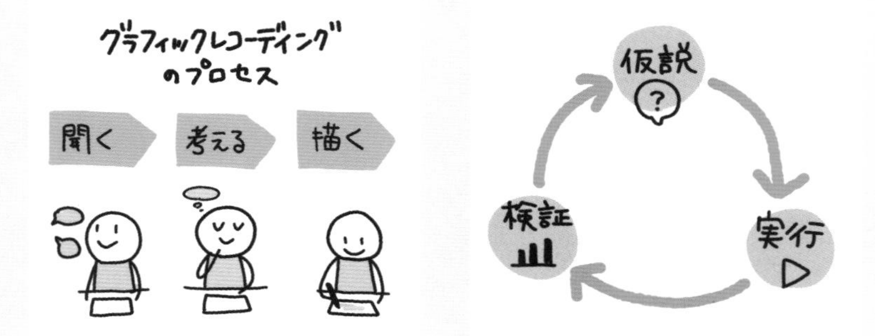

矢印を使った図の例

伝えたいことに最も適した表現を選ぶ

ここまで、点・線・面・矢印を使った基本的な図表現を学んできました。基本のパターンを知れば、伝えたいことに適した表現を選べるようになります。そしてここで見てきた図の作例のように、絵や言葉と組み合わせることで、表現は大幅に広がります。

参考　『デザイン仕事に必ず役立つ 図解力アップドリル』（原田泰、ボーンデジタル）

ミニワーク

「商品がお客様に届くまで」を図にしてみよう

あなたが勤めている会社の商品や、あなたが普段よく使っている製品など、身近なものを題材にして、ひとつの図を作りましょう。

ヒント 図を作るには、切り口が重要です。お金の流れや製造工程など、様々な切り口の中から、あなたが伝えたいと思う切り口を見つけましょう。

回答例

キリングループの有志企業内大学「キリンアカデミア」でのグラフィックレコーディング研修にて、「ビールがお客様に届くまで」というテーマでミニワークを行ったときの参加者の回答です。お金の流れや製造工程など、異なる切り口で図が作られています。

4-3 会議に役立つ6つの図の型

会議の議論を整理するのに役立つ6つの代表的な図の型を紹介します。

6つの型を押さえよう

情報を分類し整理するための図には色々ありますが、ここでは会議に役立つ6つの代表的な型を紹介します。会議の目的に応じて最適な型を選びましょう。

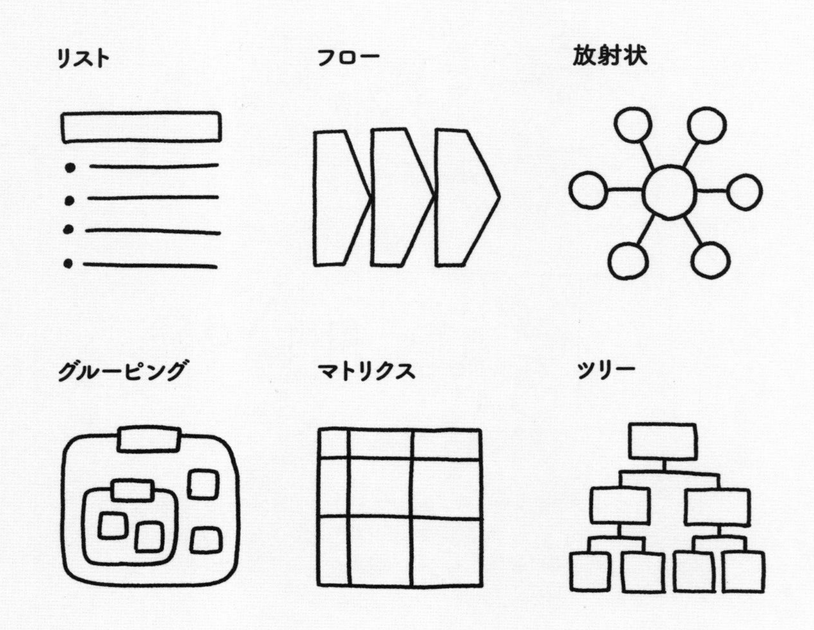

リスト

リストは、情報をひとつひとつの項目に分けて上から下に描き並べる図です。話し合いで出た意見や情報をひとまずリストにするだけで、簡単に議論を整理することができます。

●こんなシーンで使える

・プロジェクトのタスクを管理したい　・会議の議題を提示したい
・ネクストアクションを確認したい

プロジェクトのタスク管理のためのTo Doリスト

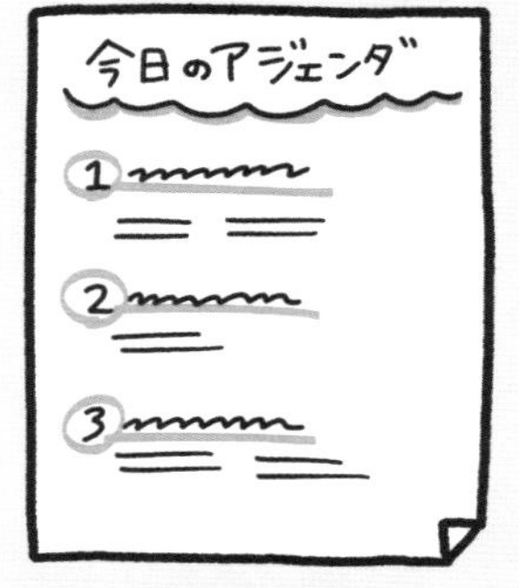

会議の議題を提示するためのアジェンダ

memo

文字だけの箇条書きも、リストの一種です。わかりやすく見せるコツは、行頭を揃えることと、行頭の記号を目立たせることです。

フロー

フロー型は、時間の経過や、物事の過程の流れ（フロー）に沿って表現する図のことです。手順やスケジュールを整理するのに役立ちます。

●こんなシーンで使える

・業務プロセスを見直したい

・プロジェクトのスケジュールを管理したい

業務のプロセス

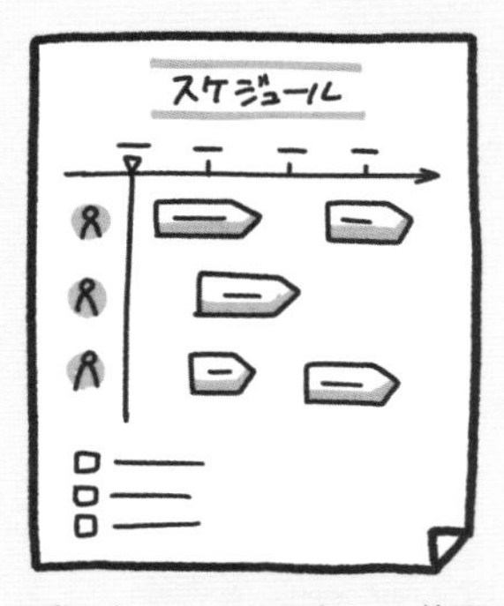

プロジェクトのスケジュール管理

memo

ポイントは、人の視線の流れに沿うように、流れの方向を、左から右、もしくは上から下にすることです。

放射状

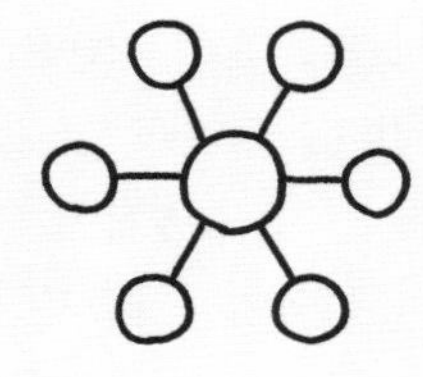

放射状は、テーマを中心にして、関連する要素を放射状に配置してつなげる図のことです。アイデア発散など、ひとつのテーマで数多くのことを連想するのに役立ちます。

●こんなシーンで使える

- ブレインストーミングでアイデアを発散したい
- テーマについて自由に議論したい

ブレインストーミングの
アイデア発想

ディスカッションの内容を
トピック別に分類

memo

連想を促す発想のフレームワークとして、「マインドマップ」が有名です。連想をするときは、似ているものだけでなく、「反対のもの」や「因果の関係にあるもの」にも着目すると、連想の幅が広がります。

グルーピング

グルーピングは、類似の要素を囲んでまとめる図のことです。要素をグループ化し、関連づけることによって、共通点を発見し、アイデアを集約することができます。

●こんなシーンで使える

- ブレインストーミングでアイデアを分類したい
- 集めた意見を整理したい

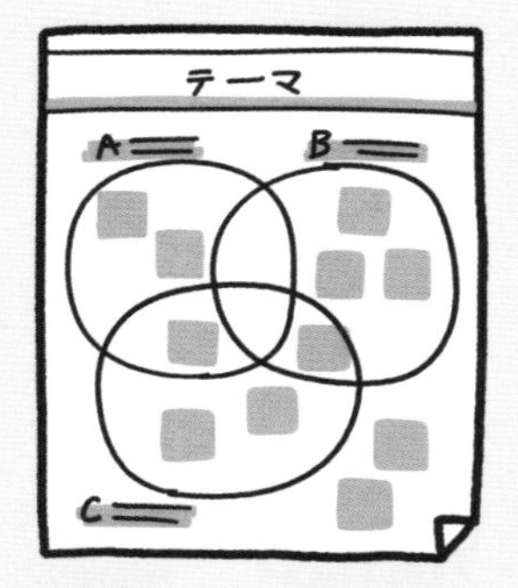

付箋を使ったアイデアの分類

意見をテーマごとに整理

memo

ブレインストーミングなど、参加者みんなで意見を出し合うシーンで役立ちます。付箋を使ってアイデアを出してもらい、それらを眺めながら似ているものを近くに配置してグルーピングします。複数のグループができたら、グループの内容を象徴するラベルをつけて、線で囲みましょう。

マトリクス

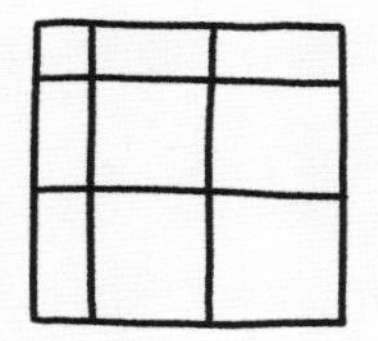

マトリクス型は、縦軸と横軸の2つの異なる視点を用いて分類する図のことです。選択肢を比較、分析して合意形成をする場面で効果を発揮します。

●こんなシーンで使える

・アイデアを比較、分析したい
・複数の選択肢を評価したい
・自社と競合の位置づけを比較したい

選択肢AとBのメリットとデメリット

自社と競合のブランドの位置づけを比較するポジショニングマップ

memo

マトリクス型は軸の設定が肝です。軸を選ぶときのポイントは、メリット／デメリット、高価格／低価格など、反対の概念を選ぶことです。

ツリー

ツリー（木構造）は親子関係や階層構造を表す図です。物事を構造から理解したり、物事を分解して考える場面で役立ちます。

●こんなシーンで使える

- 組織の構造を確認したい
- 課題や問題を特定したい

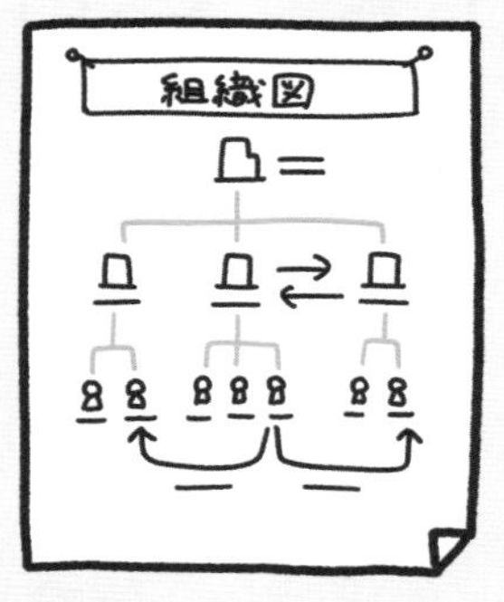

組織図

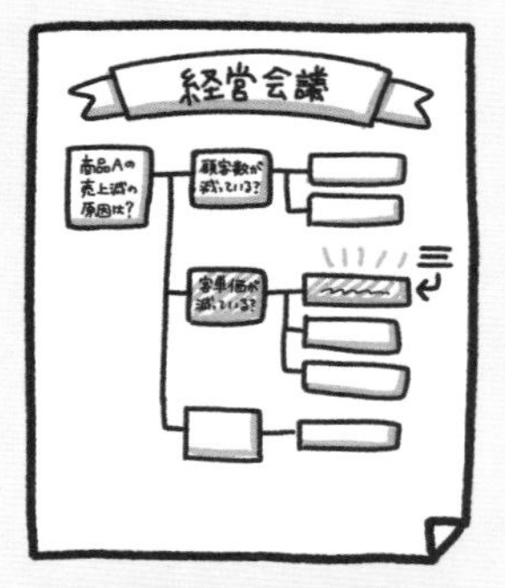

問題の原因解明や解決策立案に用いられるロジックツリー

memo

ツリー構造は2つのルールを守りましょう。上位には下位が含まれることと、同じ階層には同じレベルのものが並ぶことです。

Chapter 5

伝わる
デザイン

要素の並べ方や色の選び方など、ちょっとしたコツを学ぶだけで、見る人に情報をわかりやすく伝えることができます。この章では、誰でも身につけられる「伝わるデザイン」のコツを解説します。

5-1 デザインの4原則

情報をわかりやすく見せるための、デザインの原則を紹介します。これを知って意識するだけで、ぐっと伝わるデザインになります。

デザインの4原則

グラフィックレコーディングやスケッチノートの良し悪しは、あくまで思考が整理されたかどうか、対話が促されたかどうかであり、グラフィックの美しさではありません。とはいえ、情報を整理して見る人に伝えるという点では、読みやすくわかりやすいデザインのテクニックを身につけておいて損はありません。

私がデザインの仕事をする上で参考にしている「デザインの4原則」を紹介します。デザインの現場ではよく知られた原則ですが、デザイナーに限らず多くの人に役立つ内容です。ここでは、これら

デザインの4原則

4つの原則を、スケッチノートやグラフィックレコーディングでよくある例を交えて解説します。

① 近接の原則

グラフィックレコーディングやスケッチノートを描いていると、ついつい、紙面にびっしりと言葉や絵を敷き詰めてしまうことがあります。しかし、グラフィックがぎゅうぎゅうに配置されると、見る人が関係性や構造を理解することが難しくなってしまいます。

近接の原則とは、関連する要素を近づけてグループ化するということです。関連する要素を物理的に近づけると、それらはひとつのまとまったグループに見えるようになります。関連する要素は近づけ、そうでない要素は思い切って離しましょう。**近接の原則を活用すると、見る人が情報の構成を直感的に理解できるようになります。**

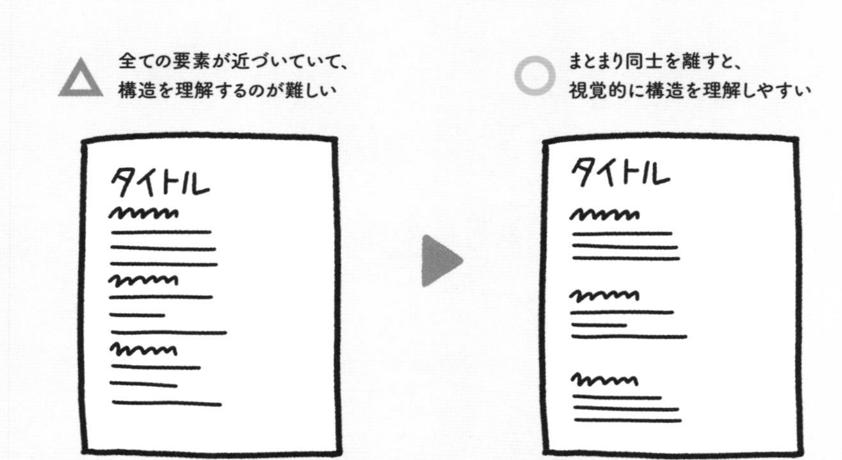

memo

近接は、言い換えると「余白」のコントロールです。余白を広く取ると、紙面全体がすっきりと見えるだけではなく、あとから情報を書き足すことができます。紙面の余白は、思考の余白でもあるのです。

② 整列の原則

グラフィックを描き始めるとき、紙面のどこから描いたらいいのでしょうか。空いているところであれば、どこでもいいわけではありません。何も意識せずに描いてしまうと、文字や絵がバラバラに見え、散らかった印象を与えてしまうことになります。

整列の原則とは、要素を揃えて配置するということです。見えないラインに揃えることで、文字は読みやすくなり、絵は見やすくなります。物理的に離れている要素でも、整列して配置するだけで、それらが関連しているように見せることができます。**整列は、一体化された見え方を生み出します。**

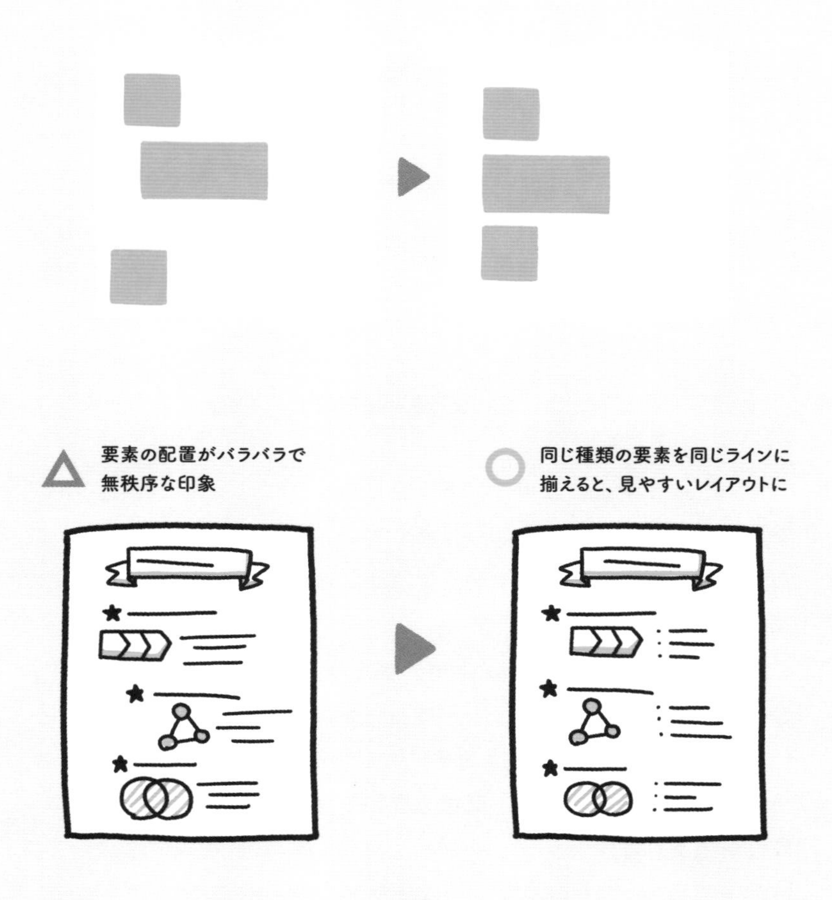

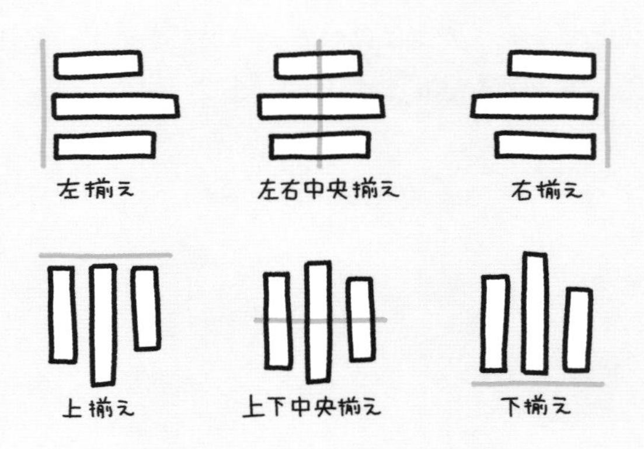

整列の種類

③ 反復の原則

キーワードや重要なポイントを目立たせるには、丸で囲む、下線を引く、色をつける、などの様々な方法があります。しかし、それらをいっぺんに同じ紙面で使うと、かえってわかりにくくなることが少なくありません。

反復の原則とは、デザイン上の表現を繰り返し使用することです。むやみに表現を増やさず、一定のルールに従って同じ表現を使うということです。強調に使う色や線など、必要なルールをあらかじめ決めておくと迷いません。**反復の原則を活用すると、デザインに一貫性が生まれます。**

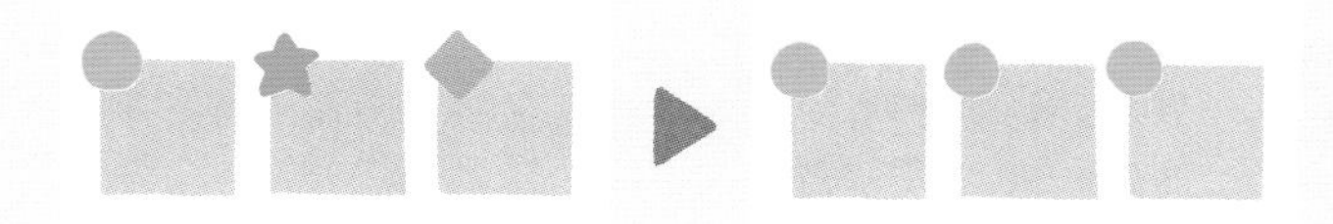

△ 強調の仕方がバラバラで、何が重要かわからない

○ ルールを統一すると、強調の意図が伝わりやすい

④ コントラストの原則

描いたグラフィックを見返して、「いろいろ描いてあるけど、要点がぱっと目に入ってこない」と思った経験はありませんか？

コントラストの原則とは、異なる要素をはっきり異なって見せることです。 情報の優先度を明確にし、重要な要素はより目立たせるなど、メリハリを付けましょう。具体的には、大きさや色に変化をつけることで、視覚的な対比を作ることができます。**コントラストは、デザインにメリハリを生み、伝えたい情報を明確にする効果があります。**

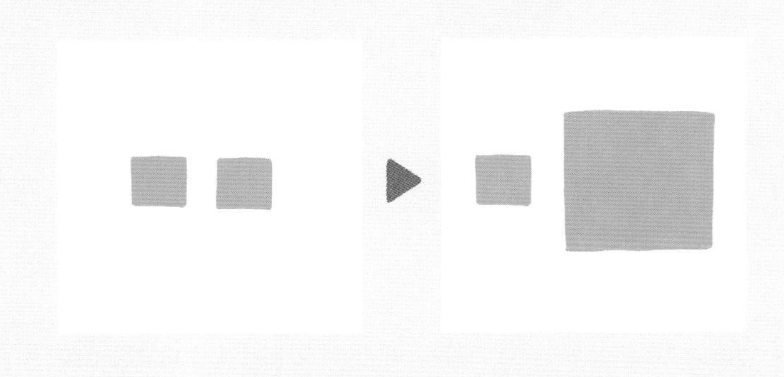

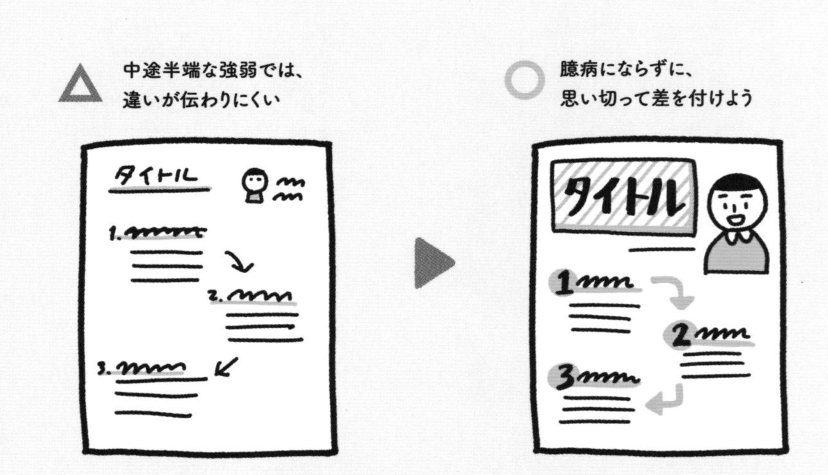

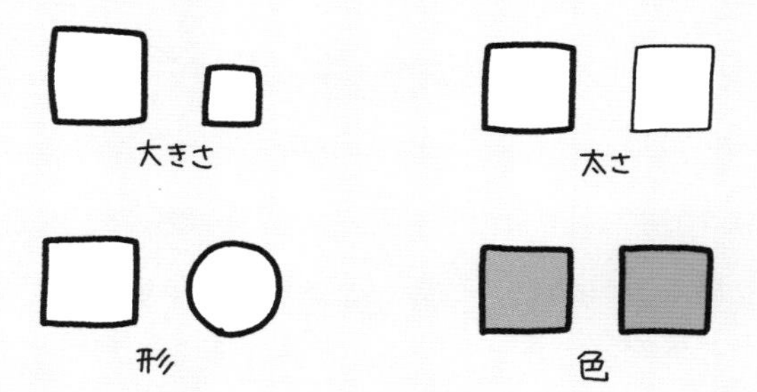

コントラストのつけ方。単に大きくする以外に、使う線の太さや要素の形、色によっても視覚的な違いを生み出すことができます。

memo

大切なのは、情報の優先順位を明確にすることです。あれもこれも強調すると、どれが本当に重要な情報かがわからなくなってしまいます。

5-2 伝わる色の使い方

色を上手く組み合わせることで、情報を目立たせたり、イメージを表現したりと目的に合わせた効果を発揮することができます。色の基礎知識と効果的な使い方を学んで、伝わるデザインを作りましょう。

色彩の基礎知識

色は、**「色相」「彩度」「明度」**の3つの属性で表すことができます。

●色相

色相は、赤、黄、青といった「色味」を表します。暖色と寒色に大別することができます。

●彩度

彩度は「鮮やかさ」を表します。彩度が高いほど鮮やかな色に、低いほどくすんだ色になります。

●明度

明度は「明るさ」を表します。明度が高いほど明るい色に、低いほど暗い色になります。

色相

彩度

低い　高い

鮮やかでない　鮮やか

明度

低い　高い

暗い　明るい

使う色は4色で十分

色使いは、わかりやすいグラフィックを作るための大切な手段です。しかし、たくさんの色を使いすぎると、煩雑な印象を与えます。とはいえ、1色だけだと単調になりかねません。**一度に使う色の数は、背景や文字の色を含めて4色程度がおすすめです。**ルールを決めて戦略的に使い分けることで、わかりやすく魅力的なデザインを作ることができます。

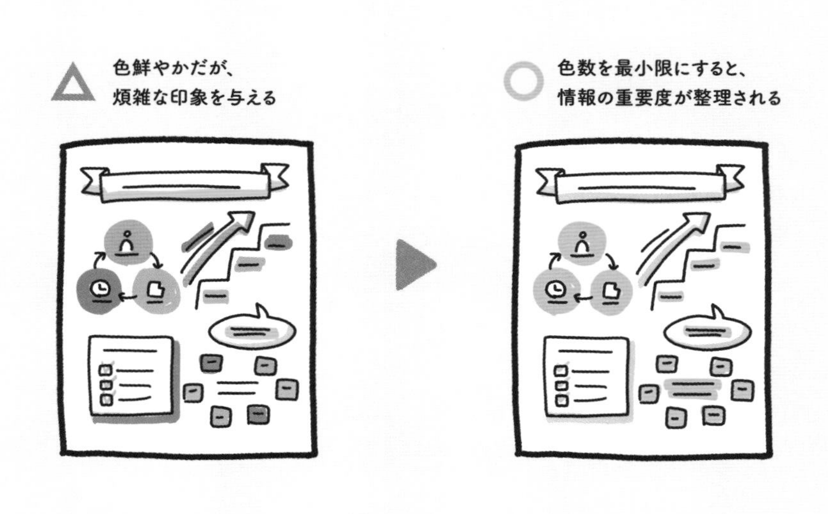

前もって4種類の色を選びましょう。**「背景色」「基本色」「強調色」「補助色」の4種類**です。

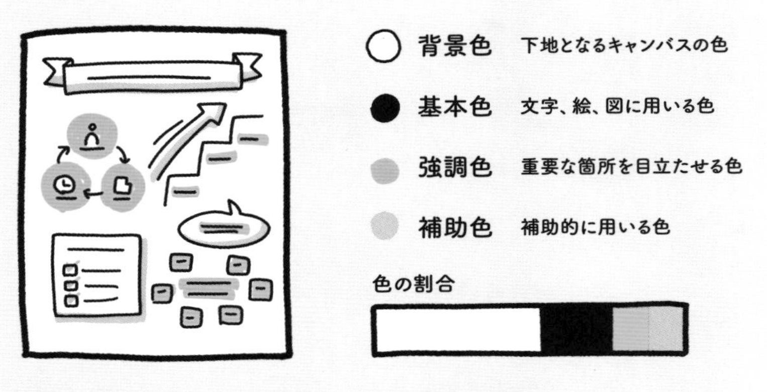

背景色が明るい色の場合は、基本色に黒や紺、強調色に鮮やかな色、
補助色に薄いグレーや淡い色を採用すると視認性が高くなります。

●背景色

背景色は、下地となる色です。白が基本になりますが、テーマに合わせて、黒やグレー、色味のある色を採用しても良いです。模造紙には様々な色がありますし、iPadなどデジタルツールであれば好きな色を背景色に設定できます。

●基本色

基本色は、基本となる文字や絵、図を描くための色です。背景とはっきりと区別できるように、背景色とは対照的な色を選ぶのがポイントです。

●強調色

強調色は、重要な箇所や目立たせたい箇所に用いる色です。背景色とも基本色とも異なる鮮やかで目立つ色がおすすめです。1色で十分ですが、色を使って情報を分類したい場合には、2色以上を使うのも効果的です。

●補助色

補助色は、影や囲みなどで、補助的に用いる色です。背景色になじむ色がおすすめです。

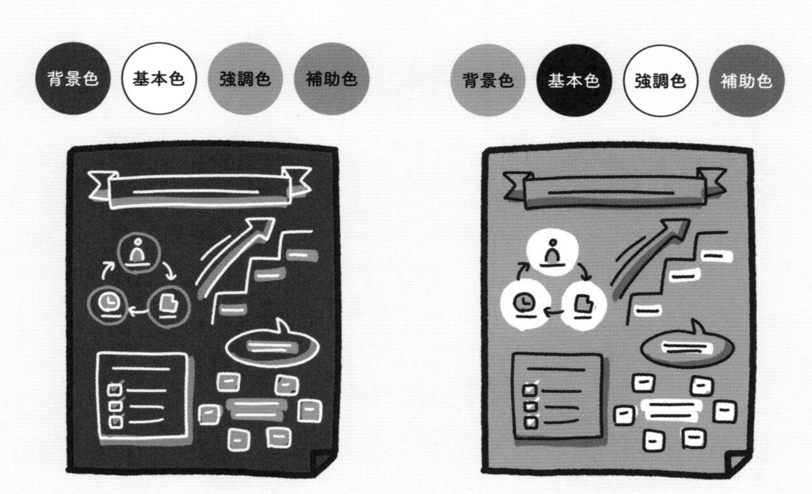

背景色が暗い場合は、基本色に白、強調色に鮮やかな色、補助色に暗い色を採用すると視認性が高くなります。

クラフト紙など背景色が彩度のある色の場合、基本色に黒、強調色に白、補助色に暗い色を採用すると視認性が高くなります。

2色の強調色を使う例①。メリットとデメリットなど情報の種類で色を使い分けると、視覚的に情報を分類できます。

2色の強調色を使う例②。吹き出しの色を発言者によって分けることで、会話のやりとりが伝わりやすくなります。

効果的な色の使い方

色は、むやみに使うのではなく、目的を持って使いましょう。5つの効果的な使い方を紹介します。

●強調する

重要な箇所は強調色を使って、目立たせましょう。見る人は、たくさんの情報の中で重要な情報を効率的に見つけることができます。

●区切る

黒で囲みや区切り線を描くと、線が目立ちすぎてしまうことがあります。さりげなく情報を区切りたいときには、目立ちにくい色で区切ると良いでしょう。

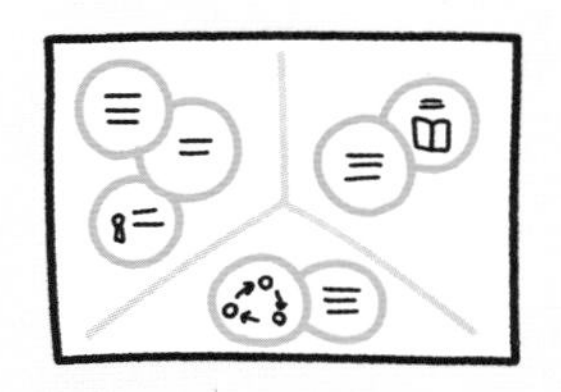

●立体感を出す

絵や図に、影をつけると、物の立体感や重なりが表現できます。これによって、重要な情報を浮き上がらせて見せることができます。

●分類する

ルールを決めて複数の色を使うことで、情報を視覚的に分類することができます。たとえば、賛成意見と反対意見、メリットとデメリットといった対比を明らかにするのに役立ちます。

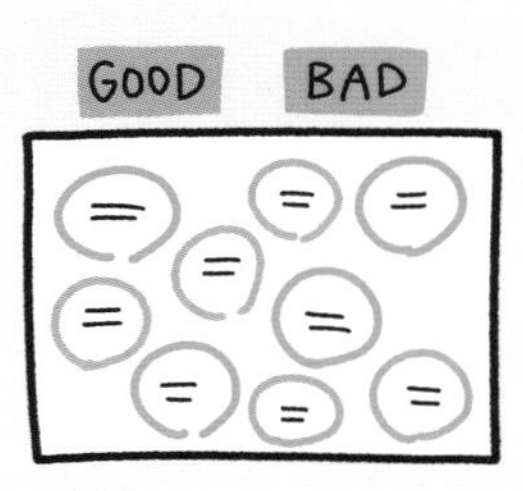

●イメージを伝える

黄色は希望や注意、青は信頼や冷たさ、赤は情熱や怒りなど、色にはそれぞれ想起されるイメージがあります。伝えたいイメージに合わせて色を選ぶことで、イメージを効果的に伝えることができます。

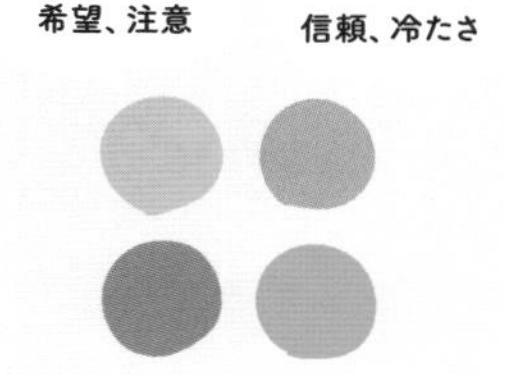

色の組み合わせに注意しよう

強調箇所やタイトルには、文字の背景に色をつけることがあります。このとき、どんな色を選んでも良いというわけではありません。下の例のように、明度が近すぎたり、彩度が高すぎたりすると、文字は読みづらくなります。文字と背景を区別できるように、はっきりと異なる色を選びましょう。

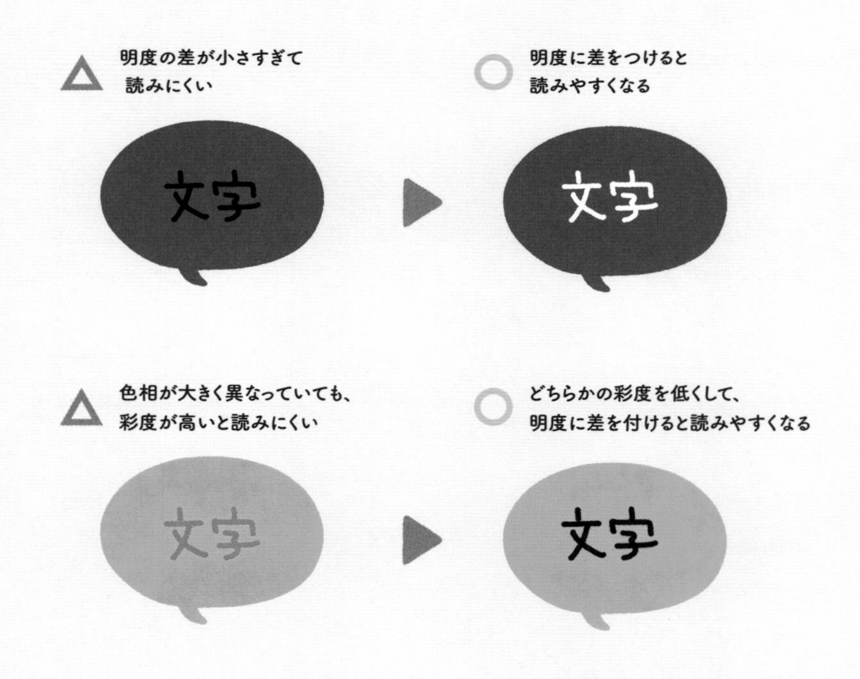

Chapter

グラフィックレコーディングの実践

いよいよ、グラフィックレコーディングを実践しましょう。この章では、計画の立て方から話の聞き方、共有の方法まで、実践で必要となる技術や知識を学びます。

6-1 場とプロセス

グラフィックレコーディングは日々の会議からイベントまで様々な場で効果を発揮します。本番だけでなく、事前の準備やあとの共有が大切です。

グラフィックレコーディングが効果的な場

1章で述べたように、グラフィックレコーディングは、対話の内容を視覚的に記録することで、議論を活性化させる手法です。**日々の会議からイベントまで、様々な場で効果を発揮します。**

●会議

会議のような意思決定の場では、議論の可視化によって相互理解と合意形成を促すことができます。

●**ワークショップ**

ワークショップのような多くの参加者が議論する場では、発言の敷居を下げて議論を活性化する効果があります。

●**イベント**

講演会や対談のようなイベントでは、参加者の気づきと対話を促す場づくりに貢献できます。

●**オンライン会議**

最近増えてきたオンライン会議でも、空中戦になりやすいオンラインの対話を、可視化によって集約し整理することができます。

グラフィックレコーディングのプロセス

グラフィックレコーディングのプロセスは、**準備、本番、共有**という3つの大きな流れに分けられます。

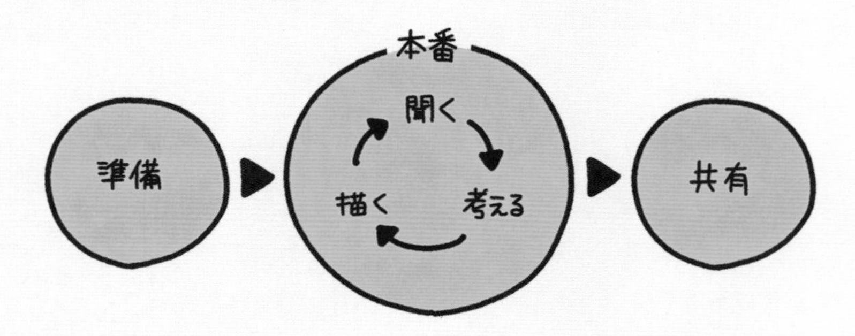

●準備

グラフィックレコーディングは、即興的だと思われることも多いのですが、実は準備が非常に重要です。**「何のためにグラフィックレコーディングをやるのか」という目的を明確にし、計画を立てましょう。**

●本番

いよいよ話し合いに参加し、議論の流れを可視化します。**このときグラフィックレコーダーは、「聞く、考える、描く」というプロセスで聞いたことを可視化します。**ただ聞いたことをそのまま描くのではなく、グラフィックレコーダーの「解釈」を可視化する行為です。

●共有

描きっぱなしで終わってしまうと効果は半減します。話し合いが終わったあとも、振り返りや社内の情報共有に活用しましょう。

6-2 計画と準備

グラフィックレコーディングの効果を十分に発揮させるためには、事前に目的を明確にし、計画を立てて準備をすることが大切です。

目的を明確にする

目的がはっきりしないまま本番を迎えてしまうと、「ただ描いただけで、いまいち活用できない」「そもそも何のために描いているんだっけ？」ということになりかねません。**グラフィックレコーディング自体はあくまで「手段」なので、「何のためにやるのか」という「目的」を明確にする必要があります。**

たとえば情報共有のための会議であれば情報をわかりやすく整理することに重点を置く、アイデアを出し合う会議であれば出たアイデアをすぐに絵にするなど、話し合いの目的に合わせてグラフィックレコーディングの役割を考えましょう。

ヒアリングをして計画を立てる

まずは会議やイベントの主催者との打ち合わせの場を設けて、ヒアリングを行いましょう。**ヒアリングは、目的を明らかにし計画を立てるための情報集めです。**会議やイベントの目的と概要を共有してもらい、何のためにグラフィックレコーディングをするのかをすり合わせます。

●ヒアリングで聞くこと

・会の目的や目標、主催者の想い

・どのような課題や背景があるか

・グラフィックレコーディングに期待することは何か

・グラフィックレコーディングを共有したい人は誰か

・アジェンダ

・会場のレイアウトや設備

目的がすり合わせられたら、次は具体的な計画を立てましょう。

●計画すること

・描く場所、描いたものを展示する場所

・場に合わせた描き方と見せ方

・準備する道具

・レイアウトや色

・予習の対象

・その後の共有と活用

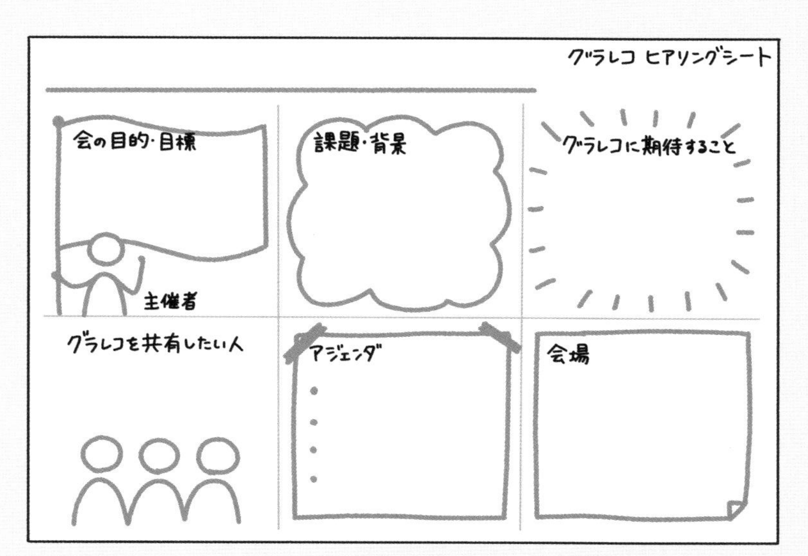

イベントのグラフィックレコーディングを依頼されたときに私が使っているヒアリングシートです。このシートを主催者と一緒に見ながらヒアリングを進めます。

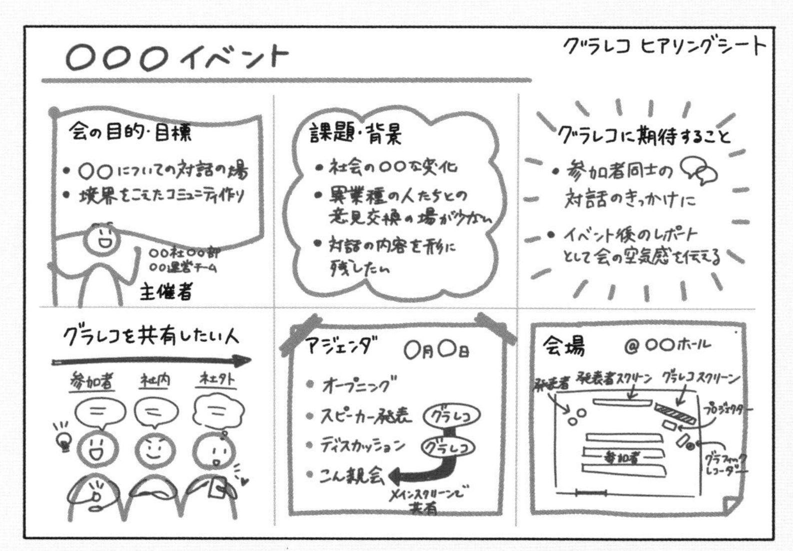

ヒアリングシートの使用例。話を聞きながらその場で描きこみ、認識をすり合わせていきます。ヒアリング後は、議事録として相手に送ると情報共有もスムーズです。

予習をしよう

議論が専門的な内容である場合、予習をすることをおすすめします。前提知識が無ければ、正しく理解することができないからです。テーマとなる分野の背景知識や専門用語を学びましょう。他にも、登壇者の著書やインタビュー記事の内容を理解していれば、彼らの発言の根底にある考え方が見えてきます。

●予習でやること

- テーマの背景知識や専門用語を調べる
- 登壇者のインタビュー記事や著書に目を通し、主張やアイデアを理解する
- 発表のスライドが事前に共有されれば、目を通す

memo

予習をする際に、思いついた図や絵を試しに描いておくと、本番で使えることもあります。

6-3 道具

グラフィックレコーディングは、ペン1本と紙さえあればどこでもすぐに始められます。とはいえ、どのような道具があればグラフィックレコーディングをスムーズに始められるのでしょうか。役立つ道具をまとめました。

●ホワイトボード

たいていの会議室にあるのがホワイトボード。自立式で好きな場所に移動できるのがホワイトボードのメリットです。デメリットは、紙用マーカーに比べて、マーカーの色数が少ない点です。

●模造紙

ホワイトボードがなくても、壁さえあれば模造紙を貼って描く場所を確保することができます。白以外の色もあるので、場の雰囲気やテーマカラーに合わせて色を選ぶことができます。デメリットは、貼る場所がないと使えないことですが、デスクや床の上に広げて使うこともできます。3M社の「イーゼルパッド」なら、付箋のように壁に貼ってはがせるので、テープで貼る手間が省けます。

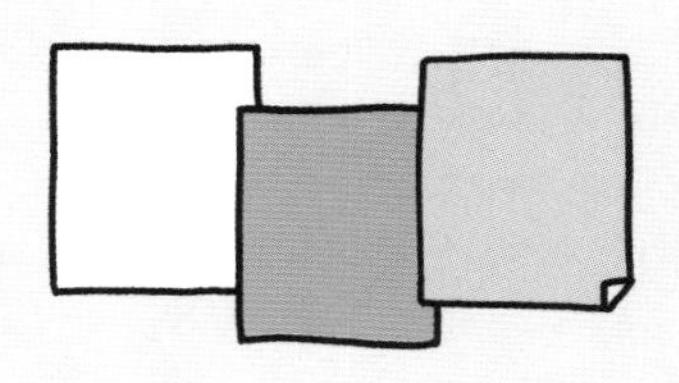

●ロール紙

大きな壁で広く使いたいときに適しています。好きな長さでカットでき、紙面の広さをコントロールできるのが特徴です。

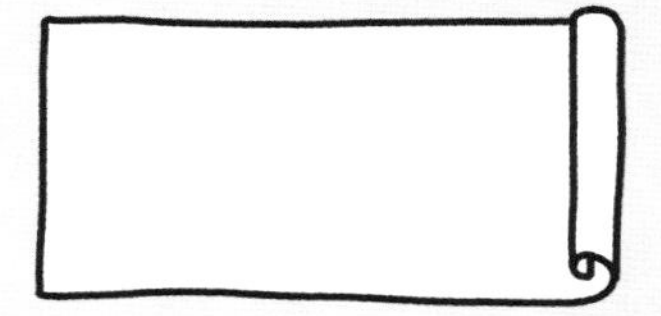

●スチレンボード

紙貼りのスチレンボードパネルは、厚みと硬さがあるので、立てかけるところさえあれば、どこでも安定して描くことができます。付箋を貼りつけたまま重ねて保管しておけて、次のワークショップもすぐに再開できるので、ホワイトボードよりもスペース効率が良いです。

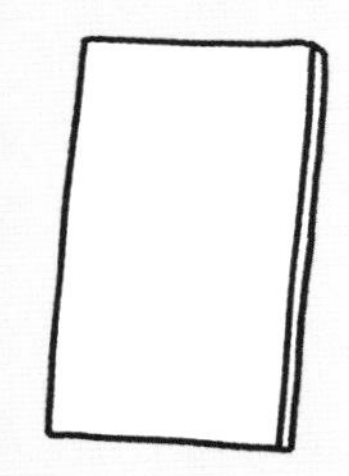

●付箋

付箋は、参加者の意見を集めたり、集めた意見を整理するのに役立ちます。おすすめは、3M社の強粘着タイプのポストイットです。カラーも21色展開されていて、意見の種類によって色を変えるといった使い方ができます。他にも、フキダシ型や矢印型など、形の違う付箋を組み合わせるのも楽しいです。

●マーカー

模造紙などの紙に使う基本の筆記具は、水性顔料マーカーをおすすめします。三菱鉛筆社の「プロッキー」、ゼブラ社の「紙用マッキー」など、字幅が太くてインクが裏写りしにくいものが適しています。少し手に入りづらく高価ですが、ドイツのファシリテーション文具メーカーNeuland社のマーカーは、豊富な色数と発色の良さに定評があります。マーカーを揃えるときは、黒や鮮やかな色はもちろん、影を描くのに適した薄いグレーも欠かせません。斜めのペン先は、ペンを持つ角度を変えることで、線の太さをコントロールできます。

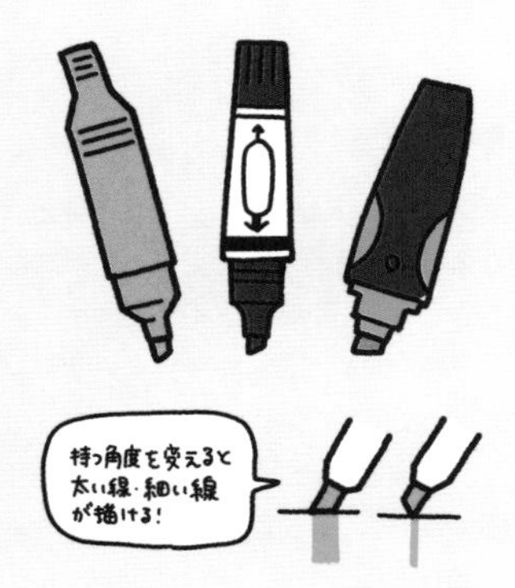

●マスキングテープ

模造紙を壁に貼るため以外にも、紙面を区切る線としても使えます。

●カバーアップテープ

書き間違えた箇所の上から貼って修正できるテープを用意しておくと心強いです。文字の書き間違いや絵を描き直したいときに便利です。ポストイット社のカバーアップテープは、下に描かれた線が透けにくくおすすめですが、事務用品のラベルシールでも代用できます。

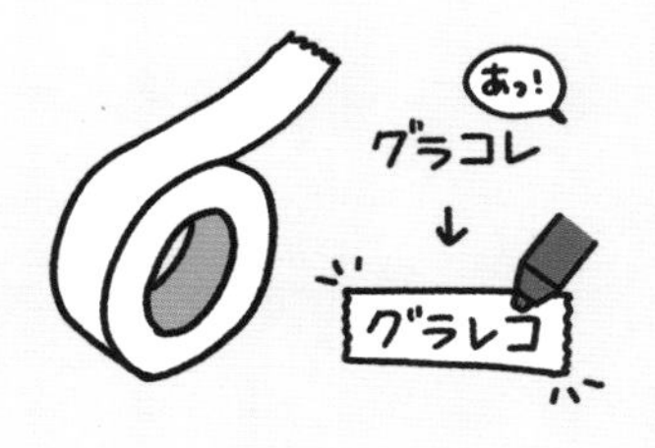

●丸型のカラーラベル

出し合った意見やアイデアの中で共感するものや良いと思ったものに投票をしてもらうときに使えます。

●iPadとApple Pencil

デジタル・グラフィックレコーディングには、Apple社のiPad ProとApple Pencilが最適です。ディスプレイやプロジェクターに接続すれば、大画面で共有できます。iPadの活用方法は、7章で詳しく解説しています。

道具の使い方にもいろいろな可能性があります。目的や環境に応じて道具を選びましょう。

6-4 レイアウトを考える

複雑な議論を一覧できるようにするには、まとめるための土台が必要です。その土台となる、レイアウトについて考えていきます。

レイアウトは、議論をまとめる土台

レイアウトを決めずになりゆきで描き始めると、どのように描き進めたら良いかわからなくなることがあります。とりあえず空いている余白に描くだけでは、見る人がどういう見方をすれば良いかわからなくなってしまいます。

複雑な議論を一覧できるようにするためには、まとめるための土台であるレイアウトが必要です。レイアウトには様々なパターンがあるので、話し合いの形式や目的に適したレイアウトを選びましょう。

3つの「レイアウトの型」

ここでは、私がよく使う3つの「レイアウトの型」を紹介します。それは「タイムライン型」「フキダシ型」「発散型」になります。

ここでは、それぞれの効果的な場と、レイアウトのポイントを解説します。これらが最適解とは限りませんが、どのような点を意識してレイアウトを考えると良いのかの参考にしてください。

memo

レイアウトは、場の目的に合わせてあらかじめアタリをつけておくと良いですが、その場その時の議論の流れに臨機応変に対応する柔軟さも大切です。

① 話の流れが伝わる「タイムライン型」

話の内容を時系列に並べるタイムライン型は、あらゆるシーンで取り入れやすい型です。特に講演やプレゼンテーションなど、内容がある程度まとまっていて、論理的な順序で進む場合に向いています。話の流れがひと目でわかりやすいのが特徴です。

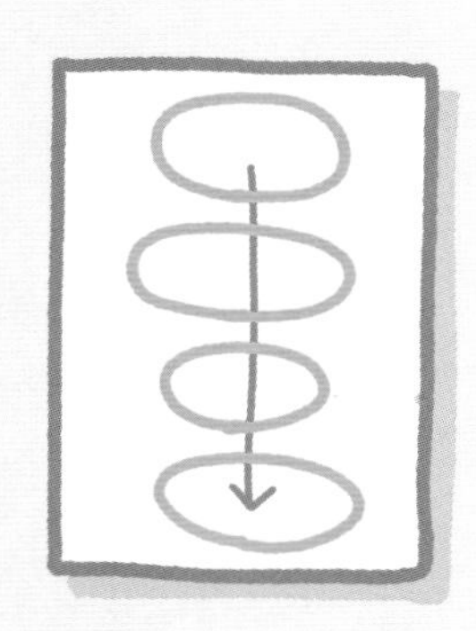

●効果的な場

プレゼンテーション、講演会、セミナー、会議など

●レイアウトのポイント

「原因→結果」「課題→提案」といった論理の展開に注目し、矢印を効果的に使って表しましょう。また、発表の結論は、「発表者が伝えたいメッセージはこれ！」とひと目でわかるように強調しましょう。

タイムライン型の例

② 会話のキャッチボールが見える「フキダシ型」

発言をフキダシで囲んで連続させるフキダシ型は、トークセッションや対談など、数人が対談形式で話し合う場に効果的です。会話のキャッチボールが伝わるレイアウトです。

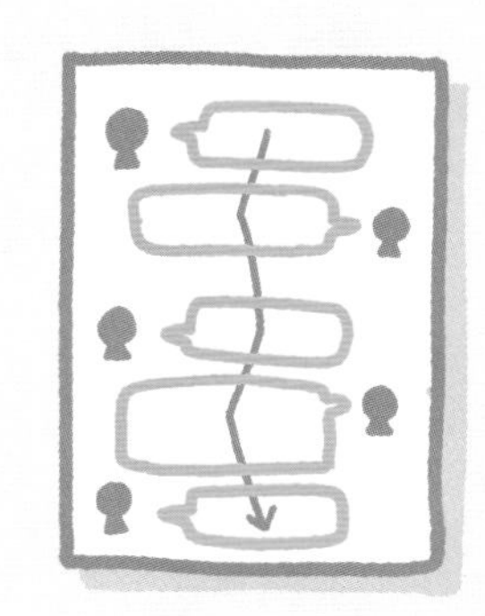

●効果的な場

トークセッション、対談、インタビューなど

●レイアウトのポイント

話す人によってフキダシの色を変えれば、誰の発言かがひと目でわかります。問いのフキダシと答えのフキダシをセットにして配置すると会話のやりとりがわかりやすくなります。話題が変わったら空白をあけて、話題の切れ目を視覚的に見せると良いです。

吹き出し型の例

③ 議論の広がりを一望できる「発散型」

ワークショップやブレインストーミングなど、参加型の議論の場では、話題ごとに発言をまとめる発散型がおすすめです。4-3で触れた放射状やグルーピングの図の考え方が土台となっています。議論の広がりを一望できるレイアウトです。

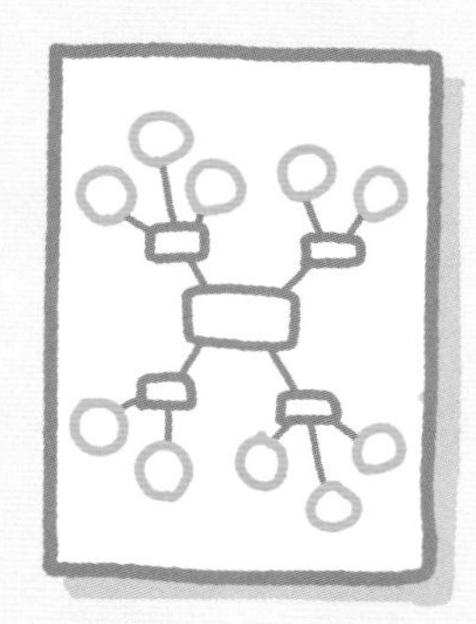

●効果的な場

ワークショップ、ブレインストーミングなど

●レイアウトのポイント

テーマを中央に大きく描き、そのまわりに議論で生まれたアイデアを広げて描いていきます。要約するよりも、ひとりひとりの発言をフラットに拾うことが大切です。似た話題は近くに配置するか線で囲んでグルーピングし、グループにはラベルをつけましょう。アイデアはなるべく絵にして具体化することで、広がりやすくなります。

発散型の例

6-5 描く流れ

講演会を想定して、グラフィックレコーディングの描き始めから完成までの流れを4つのステップに分けて解説します。一例として参考にしてください。

① タイトルとレイアウトを準備する

本番が始まる前に、タイトルや似顔絵、署名など、あらかじめ描ける情報は描いておきます。レイアウトのアタリもつけておきましょう。また、使うペンの種類と色も決めておきましょう。

② 話を聞きながら内容を描く

いざ話が始まったら、話の大きな流れを意識しながら、話をまとまりに分けて描いていきます。ひとつの話題をフキダシやフレームで囲んだり、見出しをつけたりして、まとまりとして見えやすくなるように描きましょう。また、無理に1枚に収めようとする必要はありません。スペースが余っても良いですし、反対に足りなければ紙を継ぎ足せば良いのです。

③ 仕上げをする

話が終盤に差し掛かったら（もしくは話が終わったら）仕上げに移ります。抜けていた情報を補足して、内容面を仕上げます。重要な箇所にハイライトを引いて目立たせたり、矢印や線を使って話題の関係性を見えるようにします。

④ 参加者の意見を集める

講演会のまとめの時間を使って、全員で見ながら振り返りをします。参加者に自由に感想や意見を付箋に書いて貼りつけてもらうなどして、意見を集め議論をさらに深めましょう。

6-6 聞き方を切り替える

話を聞きながら描くというのは、簡単なことではありません。しかし、聞き方を工夫すれば不可能ではありません。コツは、「よく聞く」と「聞き流す」を切り替えることです。

思っている以上に聞き逃している

私はもともと、人の話を集中して聞くのが苦手です。私がグラフィックレコーディングを始めた頃、講演が終わって参加者と話をしていると、自分で思っている以上に多くの話を聞き逃していることがたびたびありました。少しくらいは聞き逃していると思っていましたが、「そんな話してたんだ、全然聞いていなかった…」と自分でも驚くことがありました。描いている間は、頭が描くことに集中していて、思っている以上に話が耳に入っていなかったのです。

「よく聞く」と「聞き流す」を短いサイクルで切り替える

6-1で述べたように、グラフィックレコーダーは「聞く、考える、描く」というプロセスで話し合いをリアルタイムに可視化します。私は、話を聞きながら描くことができずに壁を感じていましたが、そもそも全てを同時並行で行うこと自体に無理があると考えるようになりました。

そこで、「よく聞く」タイミングと「聞き流す」タイミングを切り替えて話を聞いてみることにしました。重要な話をしていると思ったら、いったん手を止めて、情報の理解と整理にフォーカスします。聞き流しても良さそうだなと思ったら、手を動かし、頭の中で整理していた情報をアウトプットする時間にあてます。

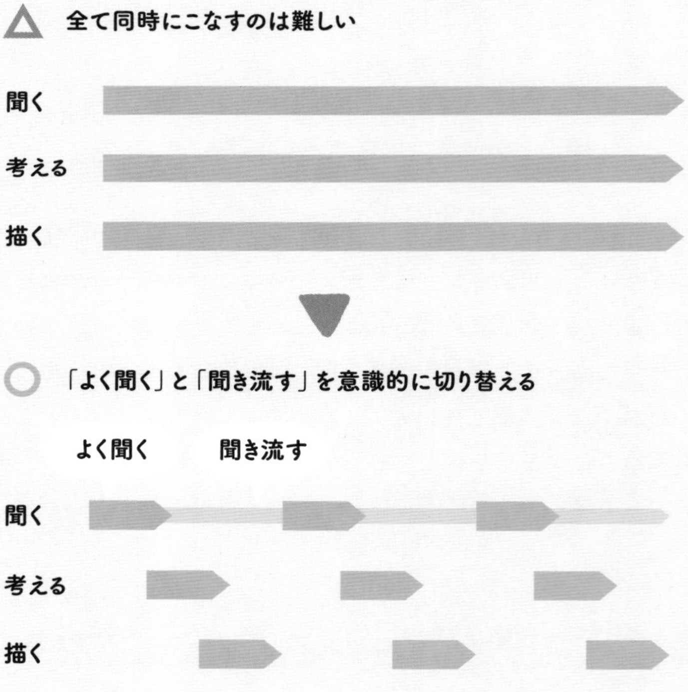

△ 全て同時にこなすのは難しい

聞く
考える
描く

○ 「よく聞く」と「聞き流す」を意識的に切り替える

よく聞く
聞き流す
聞く
考える
描く

　このように、「よく聞く」と「聞き流す」を意識的に選択することで、部分で「聞くタイミング」と「描くタイミング」を切り替えながら、全体で「聞きながら描く」を実現できるようになりました。

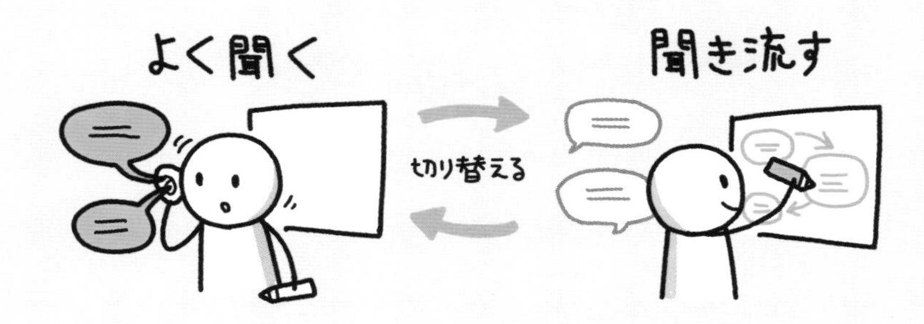

「よく聞く」と「聞き流す」を聞き分けるサイン

では、どういうときによく聞き、どういうときに聞き流すのか。それを判断するために私が手がかりにしているサインは次のようなものです。

●「よく聞く」サイン

・話し手が情熱的・感情的に話しているとき（表情・声のトーンから）
・話し手が、間を取っているとき（話が上手い人は、伝えたいメッセージの前に間を取る）
・プレゼンテーションの冒頭と最後のまとめ

●「聞き流す」サイン

・詳細な説明に入ったとき
・話が脱線しているとき
・繰り返し同じ話をしているとき
・スライドの内容を読み上げているだけのとき

6-7 聞いたことをすぐに描かない

聞いたことを全て書き留めようとすると、解釈する時間がなくなる上に、手が追いつかなくなります。コツは、聞いたことをすぐに描かず、大きな話の流れを捉えることです。

聞いたことを全てを描こうとしない

聞いたことを取りこぼすことなく全て書き留めたい、という気持ちはとてもよくわかります。私もグラフィックレコーディングを始めた頃、「これも大事、あれも描かなくちゃ」というように、とにかく聞いたことをなるべく多く描こうとしていました。しかし、それでは上手く行かないことを学びました。なぜなら、聞いたことをそのまま書き留めるだけになってしまい、解釈する時間がなくなってしまうからです。そうすると、次のような弊害が生まれ、せっかくのグラフィックレコーディングが意味を成しません。

●聞いたことを全て書き留めようとすると…

- 重要なこととそうでないことが選り分けられない
- 手が追いつかなくなる
- 少しでも追いつけなくなると、焦ってパニックになる
- 自分や参加者があとで見返しても、要点がわからない

すぐに描かずに、大きな話の流れを捉える

ではどのように話を聞けば良いのでしょうか。そのコツは、聞いたことをすぐに描かないということです。意外に思われるかもしれませんが、**大切なことは、話の詳細に気を取られすぎず、全体を捉えることに集中することです。**グラフィックレコーディングは、一言一句を正確に記録することが目的ではありません。むしろ、議論の大まかな流れを捉えることが重要です。

人は、同じ話を違う角度から何度も話したり、結論のないまま話し始めたり、本題からそれた話をしたりします。「今の言葉、描いておこう」と思ったときに、聞いた言葉をすぐにそのまま描くのではなく、少し話の続きを聞いてみてください。「いろいろ話してたけど、今の話、要はこういうことが言いたかったのか」というように、話している人の言いたかったことが捉えられたら、それをひとつのトピックとしてまとめましょう。

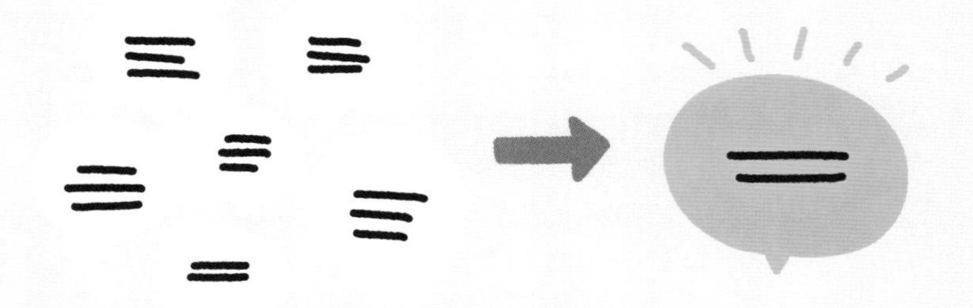

「本当に言いたいこと」を抽出する問い

人の話を聞くときに、次のような問いを心の中に持っておくと、「本当に言いたいこと」を抽出するのに役立ちます。

・なぜ今、この話を持ち出したんだろう？
　→話の論理展開を理解する
・違う角度から繰り返し主張していることはあるだろうか？
　→強い主張を発見する
・他の人の意見と同じところ、違うところは何だろう？
　→意見の相違・共通点を見出す
・議題に対してどんな関係があるだろうか？
　→議題への切り口を発見する

memo

このような問いを持つことは、ファシリテーションの第一歩です。議論に参加できるのであれば、「今の話って、つまりこういうことですか？」と質問したり、描いて見せたりするのもおすすめです。「そうそう、それが言いたかったの！さらに言うとね…」と議論が深まるも良し、「いや、ここはそうじゃなくて…」と理解を修正してもらうのも良しです。

6-8 その後の共有と活用

グラフィックレコーディングを実践する中で、「描きっぱなしになってしまって、その後にうまく活かせていない」と感じることもあるかもしれません。これは、多くのグラフィックレコーダーが感じている課題でもあります。グラフィックレコーディングのその後の共有と活用について考えてみましょう。

「描きっぱなし」にならないために

グラフィックレコーディングは、会議の最中の対話を活性化する以外にも、会議の後にその内容を共有する記録物として活用できます。**会議の参加者が話し合いの全体像を振り返りやすくなり、また参加していなかった関係者にも会議の空気感を共有できます。**

「描きっぱなし」にならず、グラフィックレコーディングを有効に共有し活用するためには、この章の始めにも述べたように、やはり目的を明確にすることが大切です。準備の段階で会の目的を明らかにし、それを踏まえて「誰に共有してどのように活用したいか」を主催者としっかり話し合い、計画しましょう。

その後の共有と活用の例

●その日を振り返って対話のきっかけに

会議の休憩時間やイベントの懇親会の時間を使って、参加者がグラフィックレコーディングを自由に眺められる場を作ると、振り返りや対話のきっかけを作ることができます。

●会議で生まれたアイデアをそのまま提案書に

会議で生まれたアイデアを、その場ですぐに絵にしておくと、あとから切り取ってそのまま提案資料に貼りつけることができ、アイデアを関係者に素早く共有できます。

●文章と組み合わせてレポートに

グラフィックレコーディングは、一言一句を書き留めるものではないので、その場に居なかった第三者に共有するときにはその点を留意しましょう。グラフィックレコーディングで全体像を示し、文章で文脈を補うなどしてレポートにすると、第三者にも伝わりやすくなります。

Column

心がけること

グラフィックレコーディングを実践するにあたって、心がけると良いことをまとめました。

参加者にグラフィックレコーディングを紹介しよう

話し合いを始める前に、参加者全員にグラフィックレコーディングの紹介をしましょう。紹介しないままいきなり描き始めると、参加者は何が起こっているのかがわからず、活用もできません。始めに、グラフィックレコーディングの目的や、どのように参加者に関わってほしいかを伝えるようにしましょう。

細部よりも大きな流れ

6-7でも述べたように、聞いたことを全て描く必要はありません。細部を聞き逃しても焦らず、話の大きな流れを捉えることに注力しましょう。

誰が言ったかよりも何を言ったか

上司や部下といった立場の違いや、声の大きい小さいに関係なく、意見をフラットに扱えるのがグラフィックレコーディングの良いところです。誰が言ったかよりも何を言ったかに注意を向け、意見を公平に拾い上げましょう。

みんなで作るもの

グラフィックレコーディングは、グラフィックレコーダーだけで作り上げるものではなく、その場にいる参加者全員で作るものだということを心に留めておきましょう。聞き逃したことを教えてもらったり、補足や感想を描き加えてもらうなどして、積極的に手伝ってもらいましょう。

あなたらしさを大切に

グラフィックレコーディングはグラフィックレコーダーの解釈が表れるものです。10人が描けば10通りの結果になり、正解や不正解はありません。あなた自身が共感したこと、疑問に思ったことを大切にしてください。

積極的に問いかけよう

グラフィックレコーダーの視点で疑問に思ったことは素直にその場に問いかけてみましょう。議論が行き詰まっていると感じたら、描いたものを見せながら「今までの話って、こういうことですか？」と問いかけると、参加者の意識がすり合わされ、議論が前に進みやすくなります。

Column 上達へのステップ

ここでは、私の経験を元に、グラフィックレコーディング上達のためのステップをまとめました。参考になれば嬉しいです。

① プレゼン動画を聞いて練習しよう

いきなり人前で大きな紙に絵を描くのは、ハードルが高いものです。そこで私は、まずは自宅で気楽にできる練習から始めました。インターネット上には、素晴らしいスピーチの動画や対談のポッドキャストが数多くあります。これを使わない手はありません。ポイントは、一時停止ボタンを押さないことです。これはリアルタイムに話を聞きながらグラフィックに変換することに慣れるためです。

memo

グラフィックレコーディングの練習におすすめの動画を集めました。ぜひ練習に役立ててください。

「グラレコの練習におすすめの動画集」
https://note.com/kuboasa/n/n0b09db11f849

② 勉強会や会議でスケッチノートを取り、現場の空気に慣れよう

仕事柄、デザイン関係の勉強会や対談イベントを聴きに行くことが多かった私は、行く先々でスケッチノートの練習をしました。また、職場の会議でも、自分用メモとしてスケッチノートを取るようにしました。①との違いは、現場の空気を肌で感じられることです。参加者の笑いや話す人の表情や声のトーン、議論のスピード感といったその場の空気に慣れておくと、次の③の心構えがしやすくなります。描いたスケッチノートを他の参加者に見せて、話のきっかけにしたり、どう見えるかを聴いてみたりするのも大切です。

③ 人前でやってみよう

①②で話を聞きながら描くということに慣れてきたら、いよいよ職場の会議や身近なイベントなどで、実際に人前に立って大きなキャンバスでグラフィックレコーディングをしてみましょう。いきなり始めるのではなく、事前に主催者と目的や活用方法を計画しましょう（6-2参照）。

④ お手本を真似して良いところを取り入れよう

上達への近道は手本となる人を見つけて真似をすることです。私は、国内外のグラフィックレコーダーの方々の作例や、参考になりそうなイラストを収集し、良いと思った表現や手法を積極的に試して取り入れていきました。じっくり観察し、それと同じことをやってみる。再現できたものは自分の引き出しに入るので、次から自由に使えるようになります。

⑤ 自分のスタイルを見つけよう

経験を重ね、他のグラフィックレコーダーにも出会っていくと、少しずつ自分の得意なところや興味のあるところが見えてきます。私の場合は、議論の要点を捉えて構造化することや、デザインの知見を活かしてわかりやすく表現することが得意で、また、相手の頭の中を整理するお手伝いをするのが好きだということがわかってきました。このように、自分のスタイルや軸を持っておくと、活動の指針となります。

⑥ 仲間を見つけよう

グラフィックレコーディングは一人でも実践できますが、一緒に活動できる仲間がいると、学びと挑戦が加速します。構成上⑥としていますが、早ければ早いほど良いです。最近では、企業内で有志が集まり「グラレコ部」を結成して活動しているという話もよく聞きます。私も数人の同僚とグラレコ部を作り、社内外で活動し、互いにフィードバックをしたり学びを共有したりしています。

memo

読者のみなさんが、学びを共有できる場として、ハッシュタグ「#はじめてのグラフィックレコーディング」をぜひ活用してください。SNSに投稿して、互いにインスピレーションを受けながら一緒に上達していきましょう!

Chapter 7

デジタル・グラフィックレコーディング

iPadとApple Pencilの登場により、デジタル・グラフィックレコーディングが広まってきました。この章では、デジタル・グラフィックレコーディングならではの表現の可能性や共有方法をまとめています。

7-1 iPadで広がる表現の幅

iPadとApple Pencilがあれば、どこでも手軽にグラフィックを描き始められます。ここではiPadのイラスト制作アプリProcreateから、あなたの表現の幅を広げる機能をご紹介します。

手軽さと利便性を兼ね備えるiPad

iPadとApple Pencilは、手描きの手軽さとデジタルの利便性を兼ね備えた道具です。どこでも手軽に描き始められ、修正や変更も簡単です。描き終わったらすぐに画像ファイルに書き出せるので、関係者への共有もスピーディーです。

日々のちょっとしたメモから、アイデアスケッチ、グラフィックレコーディングまで、様々な場面で役立ちます。

おすすめアプリProcreate

グラフィックレコーディングにおすすめのiPadアプリは、イラスト制作アプリ「Procreate*」です。Apple Pencilを使って、まるで手描きのような描き心地で自由にグラフィックを描くことができます。私は、デザインの仕事からグラフィックレコーディングまで、毎日あらゆる用途で活用しています。

Procreateには、絵を描くための様々な機能があります。ここからは、その中から、グラフィックレコーディングに役立つ便利な機能を紹介します。

*Procreate

iPad専用のイラスト制作アプリ。Apple Pencilを使って鉛筆や水彩などアナログ感のある絵・イラストを描くことができる。アニメーション機能にも対応している。有料アプリで、2011年にApp Storeでの提供を開始。
https://apps.apple.com/jp/app/procreate/id425073498

memo

他にも「GoodNotes」というノートアプリや「Concept」というスケッチアプリなど様々なアプリがありますが、その中でもProcreateは、ビジュアルシンキングの実践者の間で特によく使われている定番アプリです。本書のほとんどの挿し絵もProcreateで描いたものです。

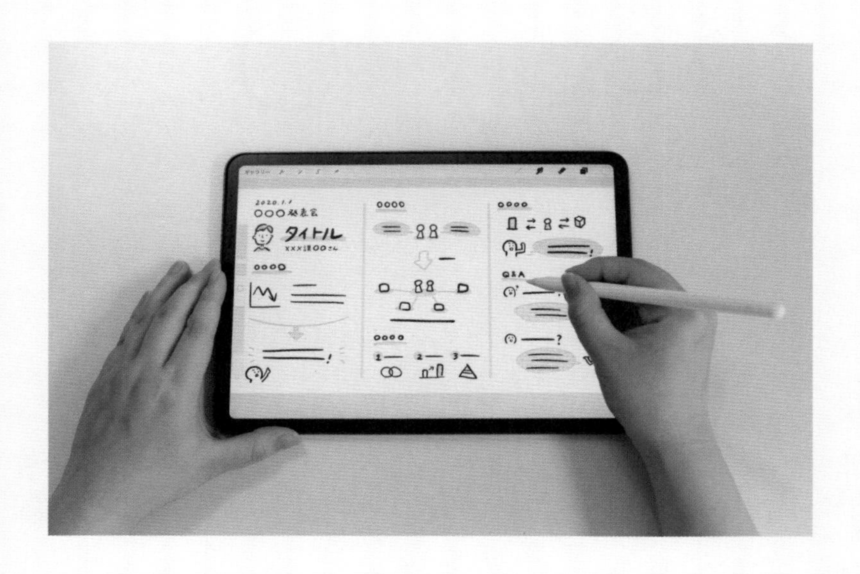

図形補正で手描きよりもきれいに描ける

線や円といった図形をきれいに描けない。それを助けてくれるのが図形の補正機能QuickShapeです。描いたあとに数秒ホールドすると、手描きの線を直線に、円を正円に補正してくれます。このお助け機能があれば、「手描きの絵を人に見せるなんて…」という人も、サッと図を描いて人に見せたり、資料に貼りつけたりすることが気軽にできます。

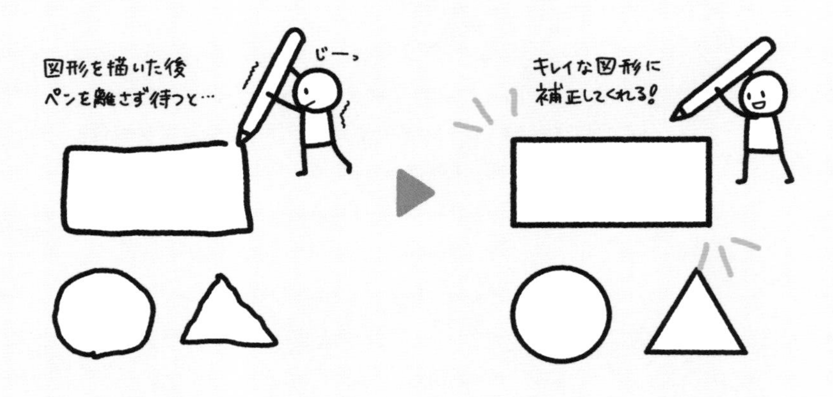

多種多様のブラシが使える

Procreateには豊富なブラシが揃っています。まるで本物の鉛筆のような描き心地の鉛筆ブラシに始まり、マーカー、水彩、油絵、テクスチャブラシなど、Apple Pencil1本で多種多様な表現ができます。

自作イラストでスタンプを作れる

Procreateは、ブラシのカスタマイズ性が非常に高く、自分で描いたイラストを使って、スタンプブラシを作ることができます。人、矢印、自分の署名など、よく使うものを登録しておくと時短ができて便利です。

一瞬で色が塗れる

紙とマーカーだと、広範囲の色塗りには手間も時間もかかりますが、塗りつぶし機能を使えば色塗りは一瞬です。当たり前といえばそうですが、色面を気軽に使えることで、表現の幅はぐんと広がります。

描いたあとに拡縮・移動ができる

一度紙に描いてしまった絵は動かせませんが、デジタルで描いたものは、あとから自由に、拡大・縮小・移動することができます。いつでも変更が加えられるので、描きながら路線変更ができるというわけです。「間違えたらどうしよう」といった心配から解放されるだけでも、描くハードルが下がるものです。

写真と絵を組み合わせられる

Procreateでは、写真を読み込む機能があります。読み込んだ写真に、手描きでメモやスケッチを描き込むことで、写真と絵を組み合わせた新たな表現が可能になります。また、似顔絵を描きたい人の顔写真を読み込んでから、なぞって似顔絵を描くといった使い方もできます。

テキスト入力ができる

Procreateでは、手描き以外にも、テキストの入力ができます。これにより、テキストと手描きのイラストを組み合わせることが可能になります。フォントやスタイルの変更もできるので、タイトルなど文字をきれいに見せたいときに使えます。

TITLE　TITLE

タイトル　タイトル

タイムラプス動画で振り返れる

Procreateには、描く過程を自動的に記録し、タイムラプス動画*を生成する機能があります。これを活用すると、グラフィックレコーディングが描かれる過程、すなわち議論の過程を時系列に振り返ることができるのです。デジタルならではの画期的な表現方法だと言えます。

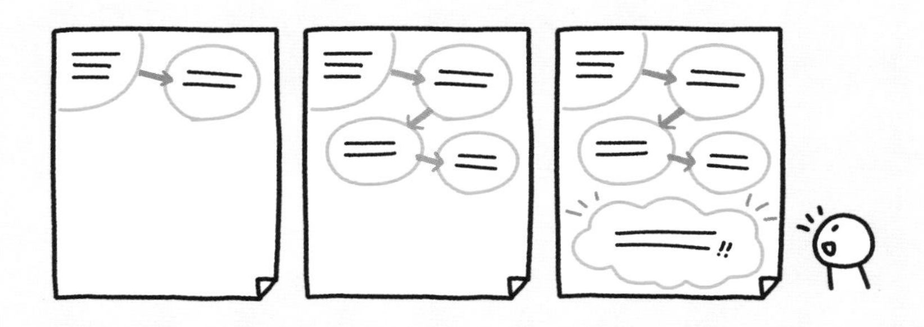

＊**タイムラプス動画**：時間が経過する様子を早回しで見ることができる動画です。Procreateでは、制作の過程を30秒程度の短い動画で書き出すことができます。

memo

ここで紹介した機能の具体的な操作方法などは、noteの記事でチェックできます。動画でわかりやすく解説しています。

「【Procreate】iPadで広がる表現力！
使ってみたくなる便利機能11選」
https://note.com/kuboasa/n/n1b01fd1ac6eb

7-2 デジタル・グラフィックレコーディングの共有方法

iPadを使ったデジタル・グラフィックレコーディングには、様々な共有方法があります。環境や目的に合わせて使い分けましょう。

デジタル・グラフィックレコーディングの普及

もともとグラフィックレコーディングには、ホワイトボードや模造紙などのアナログな道具が使われてきました。ここ数年で、iPadとApple Pencilを使ったデジタル・グラフィックレコーディングが広まってきました。ここでは、そのiPadを使ったデジタル・グラフィックレコーディングの共有方法を紹介します。

オフラインの共有方法

同じ場所に集まって話し合うオフラインの場では、プロジェクターやディスプレイなどの大きなスクリーンにiPadの画面を映し出すことで、描いている様子を参加者全員にリアルタイムで共有できます。具体的にどのような機材を使った共有方法があるのか見ていきましょう。

●プロジェクターに画面共有

HDMI入力に対応しているプロジェクターであれば、変換アダプタとHDMIケーブルを介してiPadを接続できます。メリットは、映す壁さえあれば、大きく映像を表示できる点です。大きな会場に向いています。デメリットとして、照明環境によって映像がかすんで見えたり、色が違って見えたりすることがあるので、注意しましょう。

●ディスプレイに画面共有

プロジェクターと同様、変換アダプタとHDMIケーブルを介してiPadを接続できます。プロジェクターに比べて、映りが鮮明で文字などの視認性が高いのがメリットです。デメリットは、ディスプレイの大きさに制限があることです。数名から十数名の規模の会議に適しています。

●Apple TVを使えばケーブルレスに

ケーブルレスにしたければ、Apple TV経由でプロジェクターやディスプレイに接続することをおすすめします。そうすれば、iPadを持って会場内を自由に歩き回れるようになります。ワークショップなど参加者とのやりとりが多い場合に有効です。

オンラインの共有方法

最近ではリモート会議のようにオンラインで議論をする場面が増えてきました。会議の参加者にオンラインでグラフィックを共有する方法を紹介します。

●ウェブ会議システムにiPadから画面共有

ウェブ会議システムの画面共有モードを使って、グラフィックレコーディングの様子をリアルタイムに共有することができます。

memo

ウェブ会議サービスのZoomやGoogle MeetのiPadアプリで、画面共有モードが利用できます。

●参加者全員で描き込めるオンラインホワイトボード

近年様々なオンラインの共同編集ツールが開発され、ひとつのキャンバスにみんなで一緒に描き込むことが可能となりました。いわば､デジタル版のホワイトボードです。このようなツールを活用すれば、会議やワークショップの参加者全員でアイデアを描き込むといったことができます。リモー

ト会議がますます普及するであろう今後、オンラインホワイトボードが活躍するでしょう。

memo

代表的なサービスに、Google Jamboard、Miro、Mural があります。

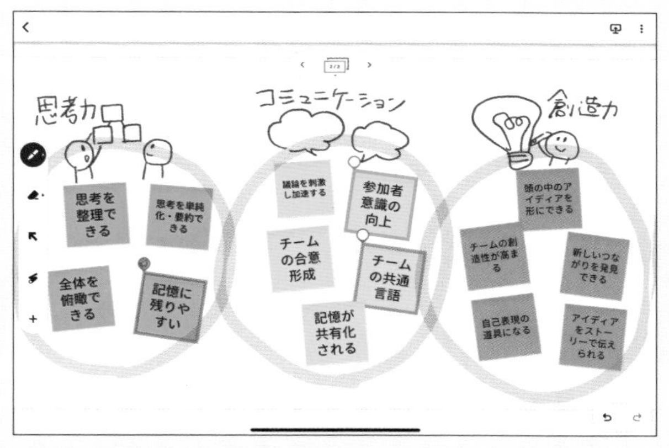

Google Jamboardの画面。

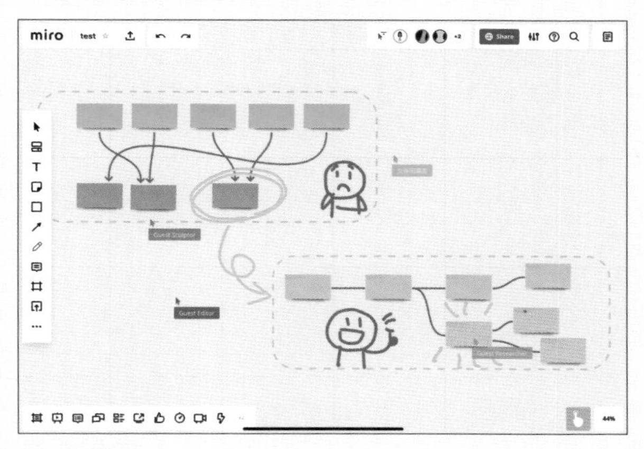

Miroの画面。

会議後に素早く共有できる

デジタルで描いたものは、描き終わったらすぐに画像ファイルに書き出せるので、関係者への共有もスピーディーです。会議の直後にメールやチャットで関係者に共有したり、プリントアウトして配布したりと、**情報の鮮度が高いうちに関係者に共有できます。**また、レポートやプレゼン資料に貼りつけたり、ウェブサイトやSNSでの情報発信に活用したりできます。**このように、デジタルデータは、簡単に、素早く、大勢の人に共有することができるため、様々な活用ができるのです。**

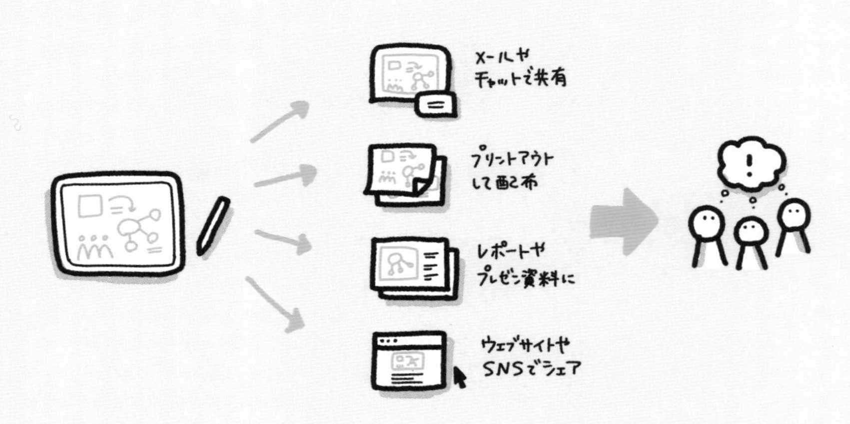

Column

デジタル・グラフィックレコーディングの準備と設定

デジタル・グラフィックレコーディングを始めたい人に役立つ、iPadの準備とProcreateの設定のコツを紹介します。

iPadの準備

●ペーパーライクフィルムを貼って紙のような描き心地に

iPadの表面はつるつるしていてペン先が滑りやすく、細かい字が描きにくいこともあります。ペーパーライクフィルムという紙の質感を再現したフィルムを貼れば、紙のような描き心地になります。

●通知をオフにする

描いている最中にメールなどの通知が画面に出ると邪魔になります。本番中はインターネットの接続を切るなどして、通知をオフにしましょう。

Procreateの設定

●キャンバスサイズは表示サイズの2倍に

描いたグラフィックを後から拡大してもぼやけないように、キャンバスを大きめに設定しましょう。たとえばフルHD（1920×1080ピクセル）のディスプレイに出力するなら、2倍の3840×2160ピクセルのキャンパスを作るのがおすすめです。

●キャンバスを方眼紙に

キャンバスの設定から「描画ガイド」をオンにしてグリッドを表示すれば、無地のキャンバスが方眼紙のようなキャンバスに変わります。文字や図形を描くためのガイドとして役立つほか、キャンバスを拡大表示するときの拡大率の目安になります。

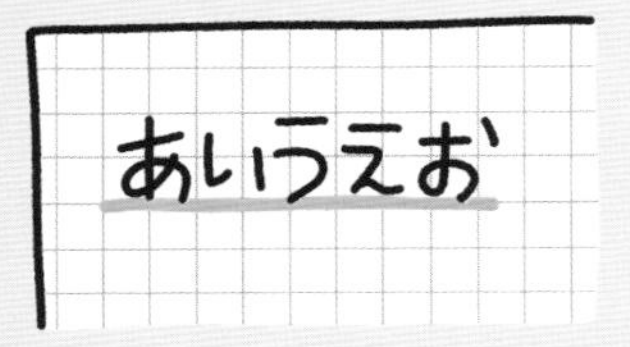

●使う色はカラーパレットに登録

あらかじめ使う色をカラーパレットに登録しておくと、ブラシの色の切り替えがスムーズになります。

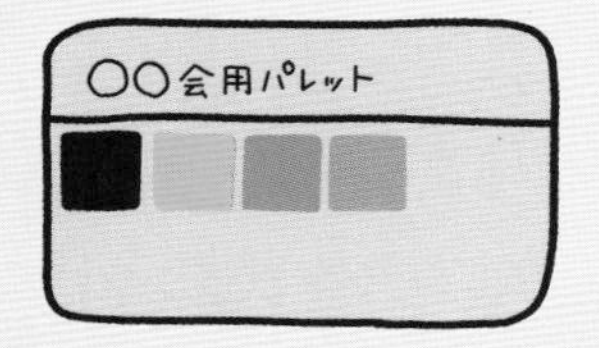

●「プロジェクトのキャンバス」をオンにして全画面表示に

設定から「プロジェクトのキャンバス」をオンにすると、出力先のディスプレイ等で、キャンバスを全画面表示にできます。そうすると、手元のiPadで見えているツールバーなどが出力先では非表示になります。

memo

具体的な設定方法などは、noteの記事でチェックできます。

「iPadグラレコを始めるための、iPadの準備とProcreateの設定のコツ」
https://note.com/kuboasa/n/ne9e23142d6f3

Appendix

ビジュアルライブラリー

ビジュアルライブラリーは、たくさんの絵や図の表現を集めた、いわば「イラスト辞典」です。様々な表現を知ることで、描きたいと思ったときに描けるようになります。また、9ページに記載したURLから一式をダウンロードすることができます。印刷して絵を描く練習をしたり、プレゼン資料や企画書に使ったりと、自由に活用してください。

アイコン①（生活）

01-01
スマートフォン

01-02
パソコン

01-03
カメラ

01-04
マイク

01-05
鉛筆

01-06
書類

01-07
本

01-08
クリップ

01-09
自動車

01-10
電車

01-11
自転車

01-12
ロケット

01-13
家

01-14
イス

01-15
ソファ

01-16
洗濯機

01-17
メガネ

01-18
コーヒーカップ

01-19
コンパス

01-20
虫眼鏡

アイコン②（プロジェクト）

02-01
アイデア

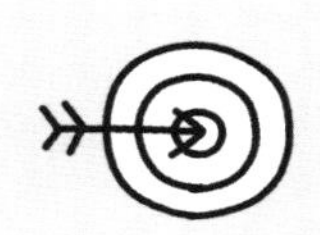

02-02
ターゲット

02-03
ゴール

02-04
マイルストーン

02-05
意思決定

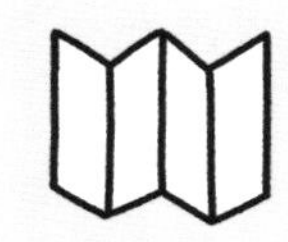

02-06
ロードマップ

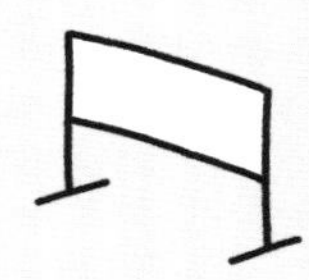

02-07
障壁

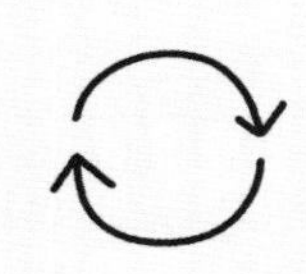

02-08
プロセス

02-09
時間

02-10
残り時間

02-11
スケジュール

02-12
タスク

02-13
タスク管理

02-14
メール

02-15
チャット

02-16
メンバー

02-17
チーム

02-18
組織

02-19
プレゼン

02-20
会議

アイコン③（ビジネス）

03-01
グローバル

03-02
お金1

03-03
お金2

03-04
バリュー

03-05
買い物

03-06
業績

03-07
仕事

03-08
プロモーション

03-09
クラウド

03-10
カスタマーサポート

03-11
組織

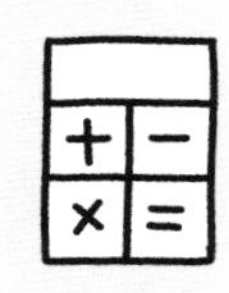

03-12
会計

03-13
ランキング

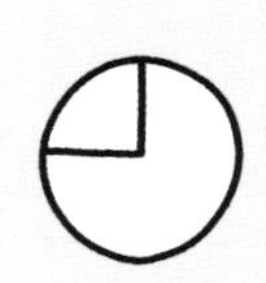

03-14
シェア

03-15
戦略

03-16
レポート

03-17
トレンド

03-18
会社

03-19
店舗

03-20
工場

矢印

09-01
入る

09-02
出る

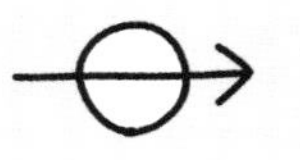

09-03
通り抜ける

09-04
避ける

09-05
折り返す

09-06
跳ね返る

09-07
行き詰まる

09-08
抜け出す

09-09
スパイラル

09-10
ステップアップ

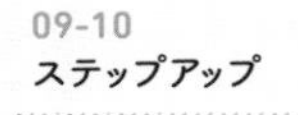

09-11
衝突する

09-12
発散する

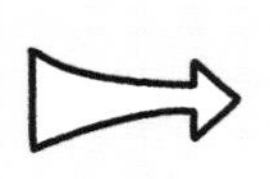

09-13
収束する

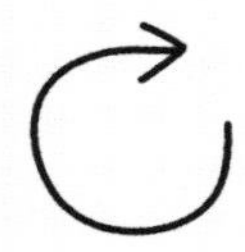

09-14
繰り返す

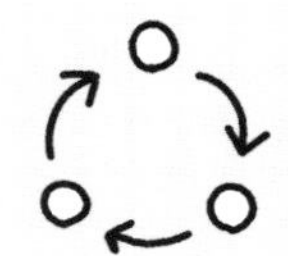

09-15
循環する

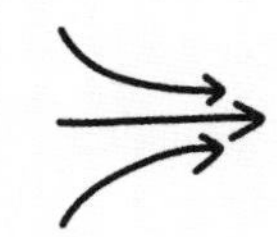

09-16
統合する

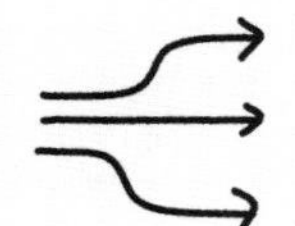

09-17
離れる

09-18
分岐する

09-19
拡大する

09-20
縮小する

感情①

04-01
喜び1

04-02
喜び2

04-03
喜び3

04-04
怒り1

04-05
怒り2

04-06
怒り3

04-07
悲しみ1

04-08
悲しみ2

04-09
悲しみ3

04-10
驚き1

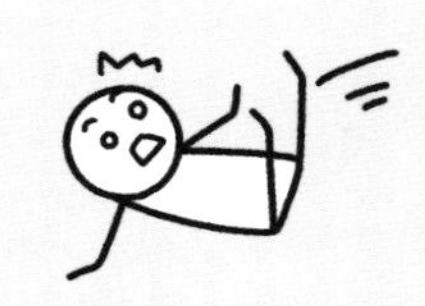

04-11
驚き2

04-12
驚き3

感情②

05-01
ひらめき

05-02
気づき

05-03
ときめき

05-04
がっかり

05-05
怒り

05-06
考え中

05-07
悩み

05-08
発見

05-09
疑問

05-10
焦り

05-11
どんより

05-12
ラッキー

シチュエーション①

06-01
散歩をする

06-02
電車に乗る

06-03
話し合う

06-04
プレゼンする

06-05
会議をする

06-06
スマホを見る

06-07
電話をする

06-08
眠る

06-09
描く

06-10
食事をする

06-11
仕事をする

06-12
読書をする

シチュエーション②

07-01
目標に向かう

07-02
達成する

07-03
見通す

07-04
迷う

07-05
障害を乗り越える

07-06
入る

07-07
育てる

07-08
解決する

07-09
積み上げる

07-10
観察する

07-11
捕まえる

07-12
発見する

シチュエーション③

08-01
バランスを取る

08-02
発掘する

08-03
鍛える

08-04
追いかける

08-05
溺れる

08-06
重圧を受ける

08-07
実験する

08-08
呼びかける

08-09
協力する

08-10
対立する

08-11
先導する

08-12
勝ち取る

参考文献

『アイデアがどんどん生まれるラクガキノート術 実践編』
（タムラカイ、枻出版社）

『アイデアスケッチ　アイデアを〈醸成〉するためのワークショップ実践ガイド』
（James Gibson、小林 茂、鈴木 宣也、赤羽 亨、ビー・エヌ・エヌ新社）

『デザイン仕事に必ず役立つ 図解力アップドリル』
（原田 泰、ボーンデジタル）

『手塚治虫のマンガの描き方』
（手塚 治虫、講談社、〔文庫〕光文社、〔Kindle〕手塚プロダクション）

『ビジュアル・ミーティング 予想外のアイデアと成果を生む「チーム会議」術』
（デビッド・シベット、朝日新聞出版）

『Graphic Recorder ―議論を可視化するグラフィックレコーディングの教科書』
（清水 淳子、ビー・エヌ・エヌ新社）

『UZMO – Thinking With Your Pen』
（Martin Haussmann、Redline Verlag）

●著者プロフィール
久保田麻美（くぼたあさみ）
1993年生まれ。デザイナー。九州大学芸術工学部卒業後、デザインコンサルティング会社ソフトディバイスにデザイナーとして入社。家電や車、医療機器などのUI/UXデザインに携わる傍ら、思考や対話を絵や図で視覚化するビジュアルシンキングを実践。会議や講演会のグラフィックレコーディングから、インフォグラフィック制作、企業のビジョンの可視化まで、幅広く手掛ける。共著書に『アフターソーシャルメディア』（日経BP）。
https://twitter.com/kubomi____
https://note.com/kuboasa

協力
株式会社ソフトディバイス

デザイン　武田厚志（SOUVENIR DESIGN INC.）
組版・制作　木村笑花（SOUVENIR DESIGN INC.）
イラスト　久保田麻美
編集　関根康浩

はじめてのグラフィックレコーディング

考えを図にする、会議を絵にする。

2020年 8月26日　初版第1刷発行
2021年11月10日　初版第5刷発行

著者　久保田麻美（くぼたあさみ）
発行人　佐々木幹夫
発行所　株式会社翔泳社（https://www.shoeisha.co.jp）
印刷・製本　株式会社広済堂ネクスト

＊本書へのお問い合わせについては、199ページに記載の内容をお読みください。
＊落丁・乱丁はお取り替えいたします。03-5362-3705までご連絡ください。
ISBN 978-4-7981-6488-5　Printed in Japan